사회평론

글 김영은
서울여자대학교 화학과를 졸업하고, 이화여자대학교 교육대학원에서 화학교육 석사 학위를 받았습니다. 한양대학교 청소년과학기술진흥센터와 해법에듀 과학교육연구소에서 STEAM 교재 및 다양한 과학 교재를 개발하였습니다. 현재는 두 딸을 키우며 아이들의 눈높이에 맞춰 쉽고 재미있게 읽을 수 있는 과학책을 만들고 있습니다.

구성 사회평론 과학교육연구소
대학에서 오랫동안 과학을 연구한 전문가들이 모여, 우리 아이들이 쉽고 재미있게 공부할 수 있는 책을 만들고 있습니다.

이명화 (사회평론 과학교육연구소 연구원)
서울대학교 물리교육과를 졸업하고 같은 대학교 대학원에서 석사, 박사 학위를 받았습니다. 10여 년간 중학교에서 과학을 가르쳤으며, 미국 아리조나 주립대에서 물리학으로 박사 학위를 받고 독일, 미국, 영국에서 연구원으로 근무하였습니다. 쉽고 재미있는 과학책을 쓰는 일에 관심을 갖고 있으며, 현재 사회평론 과학교육연구소 연구원으로 과학책을 만들고 있습니다.

김형진 (사회평론 과학교육연구소 연구원)
연세대학교 천문대기과학과를 졸업하고 같은 대학교 대학원에서 석사, 박사 학위를 받았습니다. 과학자를 꿈꾸는 아이들에게 올바른 과학 개념과 과학적 태도를 함께 키울 수 있는 방법을 전달하기 위해 노력하고 있습니다. 현재 사회평론 과학교육연구소 연구원으로 과학책을 만들고 있습니다.

설정민 (사회평론 과학교육연구소 연구원)
서울대학교 생물학과를 졸업하고 같은 대학교 대학원에서 석사 학위를 받은 뒤 박사 과정을 수료하였습니다. 아이에게 과학을 쉽고 재미있게 얘기해 주려 노력하다 보니 어린이를 위한 책을 만드는 일에도 관심을 가지게 되었습니다. 현재 사회평론 과학교육연구소 연구원으로 과학책을 만들고 있습니다.

그림 김인하
시각디자인을 전공하고 1999년 월간지에 만화를 연재하며 작품 활동을 시작하였습니다. 《건방진 우리말 달인》, 《똑똑한 어린이 대화법》 등에 그림을 그렸습니다. 이 책을 읽는 어린이들의 밝은 미래를 기원합니다.

그림 뭉선생
2004년 LG 동아 국제만화 공모전에 입상하며 작품 활동을 시작했습니다. 그린 책으로 《조지의 우주를 여는 비밀 열쇠》 시리즈, 《용선생 만화 한국사》 시리즈, 《용선생 처음 한국사》 시리즈, 《용선생 처음 세계사》 시리즈 등이 있습니다.

그림 윤효식
2002년 《소년 챔프》에 〈신검〉으로 데뷔하여 어린이에게 유익한 학습 만화를 그리고 있습니다. 그린 책으로 《마법천자문 사회원정대》 시리즈, 《용선생 만화 한국사》 시리즈, 《용선생 처음 한국사》 시리즈, 《용선생 처음 세계사》 시리즈 등이 있습니다.

감수 노석구
서울대학교 화학교육과를 졸업하였으며 같은 대학교 대학원에서 석사, 박사 학위를 받았습니다. 한국교육개발원 연구원을 거쳐 현재 경인교육대학교 과학교육과 교수로 재직 중입니다. 집필한 책으로 《초등과학 교수 학습 지도안 작성을 위한 수업컨설팅》, 《놀이를 활용한 신나는 교실 수업》 외 다양한 과학 교과서와 지도서 등이 있습니다.

캐릭터 이우일
홍익대학교에서 시각디자인을 공부한 만화가입니다. 그림책 작가인 아내 선현경, 딸 은서, 고양이 카프카와 함께 그림을 그리고 글을 쓰며 살고 있습니다. 지은 책으로 《우일우화》, 《옥수수빵파랑》, 《좋은 여행》, 《고양이 카프카의 고백》 등이 있고, 그린 책으로 《노빈손》 시리즈, 《용선생의 시끌벅적 한국사》 시리즈, 《교양으로 읽는 용선생 세계사》 시리즈 등이 있습니다.

용선생의 시끌벅적 과학교실

화학 반응

글 **김영은** | 구성 **사회평론 과학교육연구소** | 그림 **김인하·뭉선생·윤효식** | 감수 **노석구** | 캐릭터 **이우일**

고흐가 사랑한 노란 물감의 정체는?

사회평론

프롤로그

여러분, 안녕? 과학반을 맡은 용선생이야. 내 명성은 익히 들어 봤겠지? 역사반과 세계사반을 모두 훌륭하게 성공시키며 방과 후 교실 최고의 인기 교사가 된 그 용선생이란다. 교장 선생님께서 특별히 부탁하셔서 이번에는 과학반을 맡게 되었어. 어찌나 사정을 하시던지 도무지 거절할 수가 없었지 뭐야. 그래서 이 몸이 깜짝 놀랄 수업을 준비했단다.

우리의 수업은 언제나 질문과 함께 출발해. 세상을 둘러보다가 누군가 "저건 왜 그래요?" 하고 질문하면 바로 그 순간 수업이 시작되는 거지. 이제부터 용선생의 시끌벅적 과학교실을 제대로 즐기는 방법을 하나씩 알려 줄게.

첫째, 과학반 친구들과 함께 호기심을 갖고 질문해 봐. 과학을 어렵게만 생각하지 말고, 매 교시마다 아이들이 어떤 호기심을 가지는지 관심을 가져 봐. 과학반 친구들과 함께 '왜 그럴까?', '어떻게 알아낼 수 있을까?' 고민하다 보면 어렵던 과학도 쉽게 느껴질 거야.

둘째, 어려운 내용은 사진과 그림으로 이해해 봐. 어려운 과학 개념과 원리를 한 장의 사진이나 그림을 통해 단숨에 이해할 수도 있어. 그래서 너희를 위해 사진과 그림을 많이 준비했단다. 글을 읽다가 어렵다 싶으면 옆에 있는 사진과 그림을 봐. 잘 이해되지 않던 내용이 틀림없이 술술 이해될 거야.

셋째, 배운 내용을 되새기며 머릿속에 정리해 봐. 왁자지껄한 수업을 마치고 나면 뭘 배웠는지 정리가 안 될 때도 있을 거야. 그럴 때를 대비해 중간중간 핵심 정리를 준비했어. 또 배운 내용을 4컷 만화로 재미있게 요약해 두었지. 게다가 교시가 끝날 때마다 나선애의 정리노트도 마련했단다. 이 정도면 학습 정리는 문제없겠지?

과학은 분야도 다양하고 배울 내용도 아주 많아. 쉽게 이해할 수 있는 부분도 있지만, 여러 번 곰곰이 생각해 봐야 알 수 있는 부분도 있지. 이 책을 여러 번 다시 읽다 보면 구석구석 빠짐없이 모두 이해될 거야.

자, 이제 용선생의 시끌벅적 과학교실을 제대로 즐길 준비가 됐겠지? 그럼 신나는 수업을 시작해 볼까?

차례 | 화학 반응

1교시 | 화학 반응이란?

설탕이 달고나가 되려면?

어떻게 설탕이 달고나가 될까? … 13
녹인 설탕을 더 가열하면? … 16
물질의 성질이 변하는 까닭은? … 19

나선애의 정리노트 … 24
과학퀴즈 달인을 찾아라! … 25
용선생의 과학 카페 … 26
　- 물풀이 슬라임이 될 때 일어나는 변화는?

교과연계
초 3-1 물질의 성질 | 중 2 물질의 구성 |
중 3 화학 반응의 규칙과 에너지 변화

3교시 | 일정 성분비 법칙

알프스 생수와 동네 약수터 물은 같을까, 다를까?

물질을 둘로 나누면? … 45
혼합물과 화합물의 차이는? … 48
일정 성분비 법칙을 이용해! … 52

나선애의 정리노트 … 56
과학퀴즈 달인을 찾아라! … 57
용선생의 과학 카페 … 58
　- 화학 반응의 또 다른 법칙을 찾아서!

교과연계
초 3-1 물질의 성질 | 초 6-1 수학 비와 비율 |
중 2 물질의 구성 | 중 3 화학 반응의 규칙과 에너지 변화

2교시 | 질량 보존 법칙

우유가 상하면 무거워질까?

우유가 상해도 변하지 않는 것 … 31
질량이 변하지 않는 까닭은? … 33
종이가 타면 왜 가벼워질까? … 35

나선애의 정리노트 … 40
과학퀴즈 달인을 찾아라! … 41

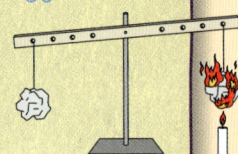

교과연계
초 4-1 물체의 무게 | 초 6-2 연소와 소화 |
중 3 화학 반응의 규칙과 에너지 변화

4교시 | 발열 반응과 흡열 반응
불 없이 음식을 데우는 방법은?

불 없이 어떻게 달걀을 삶을까? ··· 63
물이 접착제가 되는 비밀! ··· 65
발열 반응과 흡열 반응을 이용해! ··· 68

나선애의 정리노트 ··· 70
과학퀴즈 달인을 찾아라! ··· 71
용선생의 과학 카페 ··· 72
　- 우리 몸에서도 발열 반응이 일어난다고?

교과연계
초 3-1 물질의 성질 | 초 6-2 연소와 소화 |
중 3 화학 반응의 규칙과 에너지 변화

6교시 | 앙금 생성 반응
주전자 속 하얀 얼룩의 정체는?

이온 음료와 지하수의 공통점은? ··· 93
몸속에 돌이 생기는 까닭은? ··· 96
생활에 쓸모 있는 앙금 생성 반응 ··· 100

나선애의 정리노트 ··· 104
과학퀴즈 달인을 찾아라! ··· 105

교과연계
초 3-1 물질의 성질 | 중 2 물질의 구성

5교시 | 산화 반응과 환원 반응
반딧불이는 어떻게 빛을 낼까?

오래된 종이가 누렇게 변한 까닭은? ··· 77
순수한 철 만들기 대작전! ··· 80
훼손된 미술 작품을 되살리려면? ··· 83

나선애의 정리노트 ··· 86
과학퀴즈 달인을 찾아라! ··· 87
용선생의 과학 카페 ··· 88
　- 견과류가 산소와 만나면?

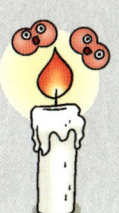

교과연계
초 6-1 여러 가지 기체 | 초 6-2 연소와 소화

가로세로 퀴즈 ··· 106
교과서 속으로 ··· 108

찾아보기 ··· 110
퀴즈 정답 ··· 111

등장인물

용쓴다 용써!
용선생

- 체력 ★★★
- 지력 ★★★★★
- 감성 ★★★
- 호기심 ★★★★★
- 유머 ★★

열정이 가득한 과학 선생님. 하늘을 향해 거침없이 솟은 머리카락과 삐죽삐죽한 수염이 매력 포인트. 생생한 과학 수업을 하기 위해 물불을 가리지 않는다.

장하다 장해!
장하다

- 체력 ★★★★★
- 지력 ★
- 감성 ★★★★
- 호기심 ★★★★★
- 유머 ★★★★★

'튼튼하게만 자라 다오.'라는 아버지의 소원대로 튼튼하게 자랐다. 성격은 일등, 성적은 비밀이다. 시험을 못 봐도 씩씩하고, 엉뚱한 질문으로 수업에 활력을 준다.

오늘도 나선다!
나선애

- 체력 ★★★★
- 지력 ★★★★
- 감성 ★★★
- 호기심 ★★★★★
- 유머 ★★★

과학자를 꿈꾸는 우등생. 공부도 잘하고 아는 게 많아서 모든 일에 앞장서는 타입이다. 겉으로는 차가워 보이지만 내심 따뜻한 면도 가지고 있다. 전혀 티가 안 나서 그렇지.

잘난 척 대장
왕수재

- 체력 ★★★
- 지력 ★★★★
- 감성 ★
- 호기심 ★★★★★
- 유머 ★

세상에서 자기가 제일 잘난 줄 안다. '천재는 외로운 법이고 질투의 대상인 법'이라나. 친구들에게 깐족거리는 데에도 천재적이다. 그래도 수업에는 늘 적극적으로 참여한다.

낭만 가득
허영심

- 체력 ★★★★★
- 지력 ★★★
- 감성 ★★★★★
- 호기심 ★★★★
- 유머 ★★

감성이 풍부해도 너무 풍부하다. 떨어지는 낙엽이나 밤하늘의 별을 보며 눈물짓고, 조그만 벌레와 대화를 나누는 사차원 성격. 하지만 누구보다 정이 많고 낭만적이다.

과학반 귀염둥이
곽두기

- 체력 ★★★
- 지력 ★★★★
- 감성 ★★★★
- 호기심 ★★★★★
- 유머 ★★★★

형과 누나들의 귀여움을 독차지하는 과학반 막내. 나이도 가장 어리고 타고난 동안이라 언뜻 보면 유치원생 같다. 훈장 할아버지 덕에 어려운 단어를 줄줄 꿰고 있다.

우리를 찾아봐!

강철 솜
철을 가늘게 만들어 솜처럼 뭉쳐 놓은 거야.

물
수소와 산소로 이루어진 화합물이야. 끓으면 수증기가 돼.

산소
물질이 연소할 때 쓰이는 기체야. 금속을 녹슬게 해.

발열 팩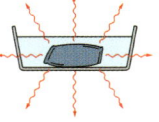
물을 부으면 열이 나와 주위의 온도를 높여 주는 팩이야.

냉찜질 팩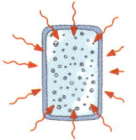
세게 누르면 주위로부터 열을 흡수하여 주위의 온도를 낮춰 주는 팩이야.

루시페린
반딧불이의 배에 들어 있는 물질로, 산소와 반응하면 빛이 나와.

1교시 | 화학 반응이란?

설탕이 달고나가 되려면?

달고나다!

오, 맛있겠다! 근데 설탕이 어떻게 달고나가 되는 거지?

교과연계

초 3-1 물질의 성질
중 2 물질의 구성
중 3 화학 반응의 규칙과 에너지 변화

설탕이 달고나가 되는 원리를 알아볼까?

먼저 하나 먹고 알아봐요!

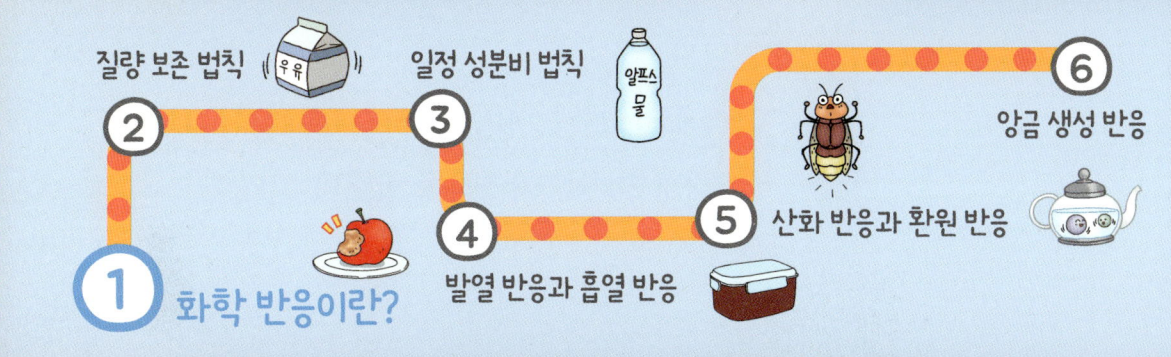

① 화학 반응이란?
② 질량 보존 법칙
③ 일정 성분비 법칙
④ 발열 반응과 흡열 반응
⑤ 산화 반응과 환원 반응
⑥ 앙금 생성 반응

"얘들아! 달고나 먹자. 내가 집에서 가져왔어. 선생님도 하나 드세요!"

장하다의 말에 아이들이 우르르 몰려들었다.

"오, 맛있겠다. 잘 먹을게!"

곽두기가 달고나를 먹다 말고 고개를 갸웃거리며 물었다.

"달고나는 뭐로 만들어서 이렇게 달콤하고 맛있을까?"

"그야 설탕이지! 설탕을 녹여서 만들잖아."

왕수재가 달고나를 입에 넣으며 말했다.

"아, 그렇구나! 근데 설탕이 어떻게 이렇게 바삭한 달고나가 되지?"

"그러게. 달고나는 설탕과 색도 다르잖아."

장하다가 고개를 갸웃하며 말했다.

어떻게 설탕이 달고나가 될까?

"좋아, 오늘 수업 주제는 달고나다!"

조용히 아이들의 대화를 듣고 있던 용선생이 말했다. 그러자 모두 들뜬 표정을 지었다.

"설탕이 달고나가 될 때 두 종류의 변화가 일어나는데, 하나씩 알아보자. 달고나를 만들 때 설탕을 어떻게 하는지 아니?"

"설탕을 불에 올려놓고 녹여요!"

"맞아. 설탕을 가열하면 설탕이 녹아 물처럼 흐를 수 있는 상태가 돼. 하지만 이때 설탕이 다른 물질로 변하는 건 아니야. 설탕이 녹아도 단맛은 그대로이지."

"오, 그렇군요!"

"설탕이 녹을 때처럼 물질의 고유한 성질은 변하지 않으면서 물질의 모양이나 상태 등이 변하는 것을 '물리 변화'라고 해."

"물질의 고유한 성질이라면…… 맛, 냄새, 이런 거요?"

"응. 맛, 냄새, 색깔, 광택 등을 말하지. 물리 변화가 일어날 때 이런 성질은 변하지 않아. 철사를 휘면 철사의 모양은 변하지만 철사의 성질은 변하지 않지? 이건 모양이 변

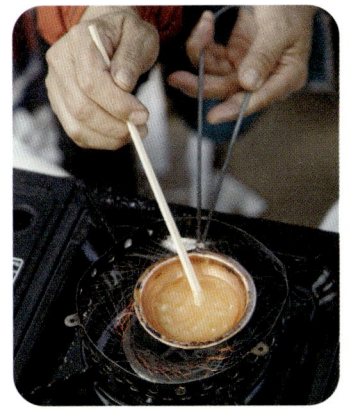
▲ 설탕으로 달고나를 만드는 모습

용선생의 과학 현미경

물질의 상태에는 고체, 액체, 기체 세 가지가 있어. 예를 들어 얼음은 고체, 물은 액체, 수증기는 기체 상태야.

나선애의 과학 사전

광택 빛 광(光) 윤이 날 택(澤). 물체 표면에서 반짝거리는 빛을 말해.

하는 물리 변화야. 모양이 변하는 물리 변화에는 또 어떤 예가 있을까?"

아이들이 생각에 잠겼다. 잠시 후 나선애가 가장 먼저 손을 들었다.

"유리컵이 깨지는 거요! 컵 모양은 변하지만 유리가 다른 물질로 변하지는 않잖아요."

"아까 칠판에 낙서하다가 분필을 부러뜨렸는데, 분필이 부러지는 것도 물리 변화 아닌가요?"

곽두기가 머리를 긁적이며 말했다.

"맞아. 컵이 깨지고, 분필이 부러지거나 가루가 되고, 종이가 찢어지고, 음료수 캔이 찌그러지는 것 모두 모양이 변하는 물리 변화야."

▲ 모양이 변하는 물리 변화

용선생이 물을 한 모금 마시고 말을 이었다.

"이제 상태가 변하는 물리 변화에 대해 좀 더 알아보자. 달고나를 만들 때 설탕이 뜨거워져 녹는 것은 물질이 고체 상태에서 액체 상태로 변하는 물리 변화야. 이처럼 물질이 고체 상태에서 액체 상태로 변하는 물리 변화를 주위에서 본 적이 있을 텐데……."

"음…… 아이스크림이 녹는 거요! 아이스크림이 녹아도 맛은 똑같아요!"

장하다가 입맛을 다시며 말했다.

"맞아! 얼음이 녹아 물이 되는 것도 마찬가지야. 반대로 물이 얼어 얼음이 되는 것은 물질이 액체 상태에서 고체 상태로 변하는 물리 변화이지. 또 물이 끓어 수증기가 되는 것은 물질이 액체 상태에서 기체 상태로 변하는 물리 변화란다."

▲ 상태가 변하는 물리 변화

"오호, 그렇군요!"

"하나 더! 설탕이 물에 녹아도 설탕의 단맛은 그대로이지? 설탕이 물에 녹는 것도 물리 변화야. 마찬가지로 소금

▲ 설탕이 물에 녹는 물리 변화

이 물에 녹는 것도 물리 변화이지."

"오, 그렇겠네요. 소금이 물에 녹아도 소금의 짠맛은 그대로이니까요."

> 물질의 고유한 성질은 변하지 않으면서 물질의 모양이나 상태 등이 변하는 것을 물리 변화라고 해.

 ## 녹인 설탕을 더 가열하면?

곽두기가 달고나를 가리키며 물었다.

"근데 설탕을 가열해서 녹인다고 달고나가 되지는 않잖아요?"

"물론이지! 설탕이 달고나가 되려면 물리 변화뿐 아니라 화학 변화도 일어나야 해. 화학 변화는 어떤 물질이 성질이 전혀 다른 새로운 물질로 변하는 것을 말해."

"물리 변화가 일어날 때에는 물질의 성질이 변하지 않았는데, 화학 변화가 일어나면 성질이 변하는군요!"

허영심이 고개를 크게 끄덕이며 말했다.

"맞아. 화학 변화에 어떤 게 있는지 알아보자. 혹시 나무가 불에 타는 걸 본 적 있니? 물질이 타는 것도 화학 변화야. 나무가 타면 재가 되는데, 재는 나무와 달리 색이 까맣고 쉽게 부서지는 성질이 있어. 이처럼 화학 변화가 일어나면 성질이 처음과는 전혀 다른 새로운 물질이 생기지."

▲ 나무가 타서 재가 되는 것은 화학 변화야.

"종이가 타는 것도 화학 변화겠네요?"

"응. 또 철과 같은 금속이 녹스는 것도 화학 변화야. 철은 광택이 있고 자석에 붙지만, 녹슬면 광택이 사라지고 자석에 붙지도 않아. 또 과일이 익으면서 색이 짙어지고 맛이 달라지는 것도 화학 변화란다."

▲ 철이 녹스는 것은 화학 변화야.

▲ 가열하여 녹인 설탕을 계속 가열하면 설탕이 갈색으로 변하며 고소한 냄새가 나.

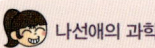 나선애의 과학 사전

분해 나눌 분(分) 흩뜨릴 해(解). 한 종류의 물질을 두 가지 이상의 간단한 물질로 나누는 것을 말해.

이산화 탄소 색과 냄새, 맛이 없는 기체로 공기 중에도 조금 있어. 이산화 탄소가 고체 상태로 변한 게 드라이아이스야.

"그럼 김치가 익어서 시어지는 것도 화학 변화예요?"

"맛과 냄새 등이 달라지니 그것도 화학 변화야. 이제 달고나를 만들 때 일어나는 화학 변화를 살펴보자. 가열하여 액체 상태로 된 설탕을 계속 가열하면 설탕이 갈색으로 변하면서 고소한 냄새를 내는 물질로 바뀌어."

"색과 냄새가 변하니 화학 변화가 일어나는 건가요?"

"그렇지. 그다음에 젓가락으로 베이킹 소다를 콕 찍어 갈색으로 변한 설탕에 넣은 뒤 잘 저어 주면 설탕이 부풀어 올라. 이것도 화학 변화이지."

"설탕이 부풀어 오르는 게 화학 변화라고요?"

허영심이 고개를 갸웃하며 물었다.

"베이킹 소다가 뜨거워진 설탕과 만나면 분해되어 새로운 물질이 생기는데, 그중 하나가 이산화 탄소야. 베이킹 소다를 넣으면 기체인 이산화 탄소가 생겨서 설탕이 부풀어 오르는 거지."

"아하! 베이킹 소다에서 이산화 탄소라는 새로운 물질이 생겨나니 화학 변화가 맞네요."

왕수재가 손뼉을 짝 치며 말했다.

▲ 베이킹 소다가 분해되어 이산화 탄소가 생기는 것은 화학 변화야.

"우리 주변에는 지금도 수많은 화학 변화가 일어나고 있어. 깎아 놓은 사과의 색이 변하는 것, 음식이 썩는 것, 가을이 되면 단풍잎이 붉게 변하는 것 모두 화학 변화란다."

"와, 그게 다 화학 변화라고요? 우리 주변에서 일어나는 화학 변화가 정말 많네요!"

"참고로 화학 변화가 일어나는 과정을 '화학 반응'이라고 한다는 것도 알아 두렴."

어떤 물질이 성질이 전혀 다른 새로운 물질로 변하는 것을 화학 변화라고 하고, 화학 변화가 일어나는 과정을 화학 반응이라고 해.

물질의 성질이 변하는 까닭은?

용선생이 달고나를 가리키며 말을 이었다.

"달고나를 만드는 마지막 단계는 액체 상태의 달고나를 굳혀서 고체 상태로 만드는 거야."

"음, 그렇겠네요. 달고나가 굳어야 원하는 모양대로 오려 낼 수 있잖아요."

"오호, 액체 상태의 달고나를 굳혀서 고체 상태로 만든다면…… 물리 변화가 일어나는 거네요? 상태가 변하는 거니까요."

"맞아! 굳은 달고나를 여러 가지 모양으로 오려 내는 것도 물리 변화이지."

이때 왕수재가 고개를 갸웃거리며 물었다.

"근데요, 선생님! 화학 변화가 일어나면 왜 물질의 성질이 변하는 거예요?"

"그건 물질을 이루는 입자와 관련이 있어. 세상의 모든 물질은 '원자'라는 입자로 이루어졌어. 다시 말해 원자는 물질을 이루는 기본 입자야."

"나무, 물, 공기…… 이런 것들이 모두 원자라는 입자로 이루어졌다고요?"

"그래. 우리 눈에는 보이지 않지만 말이야. 원자에는 여러 종류가 있어. 어떤 원자가 몇 개씩 결합하여 물질을 이루느냐에 따라 다른 종류의 물질이 만들어지지. 원자가 결합하여 만들어진, 물질의 성질을 나타내는 가장 작은 입자를 분자라고 해. 예를 들어 수소 원자

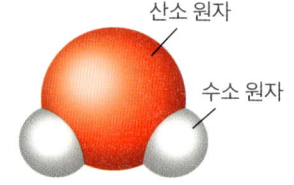
▲ 물 분자

> **나선애의 과학 사전**
> 입자 아주 작은 알갱이를 말해.

> **나선애의 과학 사전**
> 결합 맺을 결(結) 합할 합(合). 원자 등이 모여 새로운 입자를 만드는 것을 말해.

> **용선생의 과학 현미경**
> 분자는, 분자를 이루고 있는 원자와는 성질이 달라. 분자가 원자로 나누어지면 그 물질의 성질은 사라져.

두 개와 산소 원자 한 개가 결합하면 물 분자가 돼."

용선생이 컵에 담긴 물을 가리키며 말을 이었다.

"물은 무수히 많은 물 분자로 이루어졌단다. 한편 우리가 숨 쉴 때 꼭 필요한 산소 기체는 산소 원자 두 개가 결합한 산소 분자로 이루어졌고, 수소 기체는 수소 원자 두 개가 결합한 수소 분자로 이루어졌지."

"아하, 원자가 모여 분자가 되고, 분자가 모여 물질이 되는군요!"

이때 허영심이 고개를 갸우뚱하며 물었다.

"물질이 원자로 이루어진 것과 화학 변화가 일어날 때 물질의 성질이 변하는 것이 무슨 상관이에요?"

"화학 변화가 일어날 때 물질의 성질이 변하는 까닭이 바로 물질을 이루는 원자의 배열이 달라지기 때문이거든. 예를 들어 볼게. 물에 전기가 흐르게 하면 물이 수소 기체와 산소 기체로 분해되는 화학 변화가 일어나. 이때 원자의 배열이 어떻게 달라지는지 보렴."

용선생이 화면에 그림을 띄웠다.

▲ 컵 속의 물은 무수히 많은 물 분자로 이루어졌어.

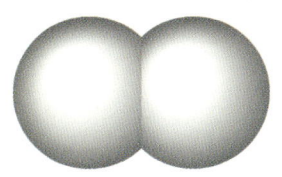

▲ 산소 분자

▲ 수소 분자

곽두기의 낱말 사전

배열 나눌 배(配) 벌일 열(列). 일정한 순서나 간격에 따라 벌여 놓는 것을 말해.

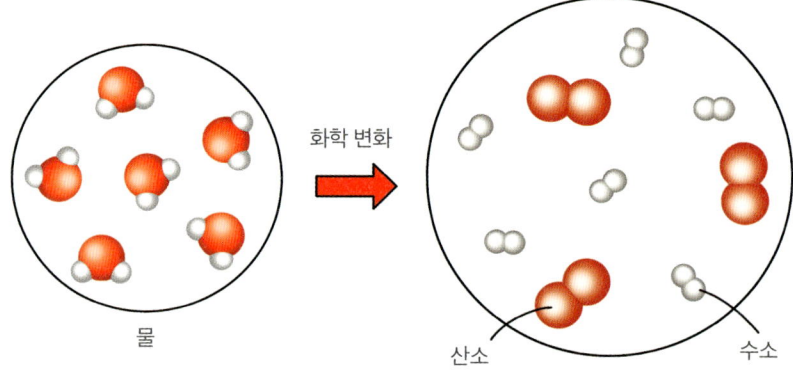

▲ 물이 수소와 산소로 분해될 때

"오, 화학 변화가 일어나니까 물 분자가 사라졌어요!"

"그 대신 수소 분자와 산소 분자가 새로 생겼어요!"

"맞아! 물에 전기가 흐르게 하면 물 분자 대신 수소 원자끼리, 산소 원자끼리 결합한 새로운 분자가 생겨나 성질이 다른 새로운 물질이 만들어져. 이처럼 화학 변화가 일어나면 물질을 이루는 원자의 배열이 달라져 물질의 성질이 변하는 거지."

"물리 변화가 일어날 때는요?"

"물이 수증기가 되는 것은 물리 변화라고 했지? 이때 원자 배열이 어떻게 되는지 살펴보자."

용선생은 화면에 새로운 그림을 띄웠다.

"물이 수증기가 돼도 물

▼ 물이 수증기가 될 때

분자는 그대로 있네요!"

"맞아. 물 분자 사이의 거리가 달라질 뿐 수소 원자 두 개와 산소 원자 한 개로 이루어진 물 분자 자체는 변하지 않아. 그래서 물질의 성질도 변하지 않는 거지."

"아하! 이제 물리 변화와 화학 변화의 차이를 확실히 알겠어요!"

"다행이구나! 화학 변화가 일어나는 과정을 화학 반응이라고 한다고 했지? 지금까지 밝혀진 원자의 종류는 약 118가지뿐이지만 우리 주변에는 그보다 훨씬 많은 종류의 물질이 있어. 화학 반응으로 다양한 물질이 만들어지기 때문이지."

"우아, 화학 반응으로 그 많은 물질이 만들어진다니! 화학 반응은 정말 대단하네요!"

"그럼 오늘 수업은 이쯤에서 마무리하고, 오늘 배운 내용을 복습할 겸 달고나를 만들어 볼까?"

"네, 좋아요!"

핵심정리

화학 변화가 일어나면 물질을 이루는 원자의 배열이 달라져 성질이 다른 새로운 물질이 만들어져.

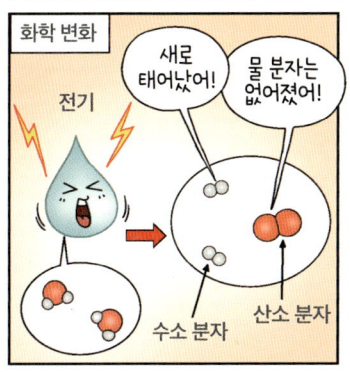

나선애의 정리노트

1. ⓐ☐ 변화

    ① 물질의 고유한 성질은 변하지 않으면서 물질의 모양이나 상태 등이 변하는 것

    • 모양이 변하는 예: 컵이 깨짐, 분필이 부서짐, 음료수 캔이 찌그러짐, 철사가 휨.

    • ⓑ☐ 가 변하는 예: 얼음이 녹아 물이 됨, 물이 얼어 얼음이 됨, 물이 끓어 수증기가 됨, 설탕을 가열하면 녹아 액체 설탕이 됨.

    • 그 밖의 예: 설탕이 물에 녹음.

2. ⓒ☐ 변화

    ① 어떤 물질이 성질이 전혀 다른 새로운 물질로 변하는 것

    예) 나무가 타는 것, 철이 녹스는 것, 가열하여 녹인 설탕을 계속 가열하면 설탕이 갈색으로 변하면서 고소한 냄새를 내는 것

    ② 화학 변화가 일어나면 물질을 이루는 ⓓ☐ 의 배열이 달라져 새로운 물질이 만들어짐.

3. 화학 반응

    ① 화학 변화가 일어나는 과정

    ② 화학 반응으로 다양한 물질이 만들어짐.

ⓐ 물리 ⓑ 상태 ⓒ 화학 ⓓ 원자

 과학퀴즈 달인을 찾아라!

●정답은 111쪽에

01

친구들이 이번 시간에 배운 내용에 대해 이야기하고 있어. 옳으면 O, 옳지 않으면 X를 표시해 줘.

① 유리컵이 깨지는 것은 화학 변화야. (   )

② 물리 변화가 일어나면 물질의 성질이 변해. (   )

③ 화학 변화가 일어나면 새로운 물질이 생겨. (   )

02

아래 '달고나 만들기' 카드에서 물리 변화에 해당하는 카드에는 '물', 화학 변화에 해당하는 카드에는 '화'라고 동그라미 안에 적어 줘.

설탕이 녹아.

갈색으로 변해.

부풀어 올라.

모양대로 오려 내.

용선생의 과학 카페 | 용선생의 한국사 카페 | 용선생의 세계사 카페

https://cafe.naver.com/yongyong

용선생의 과학 카페

과학계의 핵인싸,
용선생의 과학 카페에
오신 걸 환영합니다.

Log in

오늘은 어떤 재미난 지식을 올려 볼까?

MENU

- 물리면 아프다
- 화학이 화하하
- 생물 오징어
- 지구는 둥글다

물풀이 슬라임이 될 때 일어나는 변화는?

▲ 슬라임

 선생님! 제가 집에서 엄마랑 물풀로 슬라임을 만들었어요! 물풀이 슬라임이 되는 건 물리 변화예요, 화학 변화예요?

 물풀과 슬라임은 성질이 서로 어떻지?

 음…… 성질이 전혀 달라요! 슬라임은 물풀과 달리 말랑거리고 쭉쭉 잘 늘어나요. 그럼 화학 변화군요!

 근데 물풀이 어떻게 슬라임이 되는 거예요?

 그건 제가 알아요! 물과 물풀을 섞은 뒤, 붕사를 녹인 물을 넣고 잘 저어 주면 슬라임이 돼요.

▲ **PVA** 접착제 재료로 쓰여.

 맞아. 근데 물풀 중에서도 PVA(피-브이-에이)가 들어 있는 물풀을 사용해야 해. PVA는 물에 잘 녹고, 물에 녹으면 흐물거리며 흐르는 성질이 있어. PVA를 이루는 원자들은 긴 사슬 모양으로 늘어서 있단다.

거기에 붕사를 넣으면 어떻게 되는데요?

 붕사가 물에 녹으면 '붕산 이온'이라는 입자가 생기는데, 붕산 이온이 따로 따로 떨어져 있는 PVA 사슬들을 연결하여 큰 덩어리가 만들어져.

- 장하다의 오답을 피하는 방법
- 나선애의 야무진 실험실
- 왕수재의 아는 척 과학교실
- 허영심의 별 헤는 밤
- 곽두기의 빅뱅 따라잡기

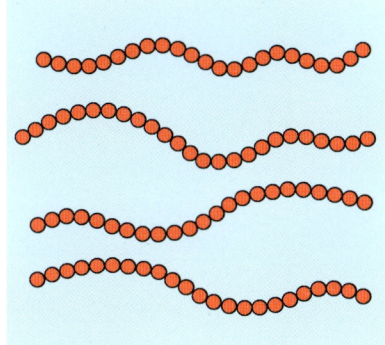

▲ **PVA의 구조** 빨간색 동그라미는 원자 여러 개가 결합된 걸 나타내.

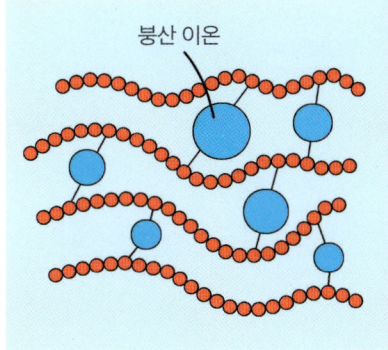

▲ **슬라임의 구조** 붕산 이온이 PVA 사슬들을 서로 연결하여 슬라임이 만들어져.

▲ 철가루를 넣어 자석에 끌리는 슬라임

 그게 슬라임이에요?

 응. 여기에 색깔을 입히고 여러 가지 재료를 넣으면 다양한 슬라임을 만들 수 있단다.

COMMENTS

 난 샤베트 슬라임 만들어야지!
ㄴ 난 마시멜로 슬라임!
ㄴ 난 버터 슬라임!
ㄴ 너희들 설마 먹으려는 건 아니지?

주의 실험할 때에는 반드시 실험용 장갑을 끼고, 붕사나 PVA를 먹거나 코로 들이마시지 말 것!

2교시 | 질량 보존 법칙

우유가 상하면 무거워질까?

우유를 저렇게 계속 밖에 놔두면 상할 텐데….

우유가 상하면 우유 통이 부풀어.

교과연계

초 **4-1** 물체의 무게
초 **6-2** 연소와 소화
중 **3** 화학 반응의 규칙과 에너지 변화

"이야, 여기 우유가 있었네! 근데 우유갑이 왜 이렇게 부풀었지?"

과학실 구석에서 우유를 발견한 장하다가 우유갑을 요리조리 살펴보며 말했다.

"상한 우유야! 우유가 상하면 우유갑이 부풀거든. 그거 먹으면 큰일 나!"

왕수재가 우유갑을 재빨리 낚아챘다.

"그래? 그냥 마셨으면 큰일 날 뻔했네!"

장하다가 가슴을 쓸어내리며 말했다. 이를 지켜보던 허영심이 물었다.

"우유가 상하면 더 무거워지려나? 우유갑이 팽팽하게 부푸니 말이야."

왕수재가 "글쎄?" 하며 고개를 갸우뚱했다.

"그것참, 좋은 수업 주제인데!"

 ## 우유가 상해도 변하지 않는 것

용선생이 자리에서 벌떡 일어나며 말했다.

"질문 하나만 할게. 물질이 변할 때 질량은 변할까, 변하지 않을까?"

"질량이라고요? 질량이 뭐예요?"

허영심의 물음에 왕수재가 재빨리 말했다.

"질량이랑 무게랑 같은 거 아니에요?"

"질량과 무게는 달라. 하지만 아주 밀접한 관계가 있지. 질량과 무게가 어떻게 다른지부터 알아보자. 질량은 물체가 가지고 있는 고유한 양이야. 단위로는 kg(킬로그램)이나 g(그램) 등을 사용하지. 반면에 무게는 지구가 물체를 잡아당기는 힘의 크기야. 질량은 장소가 달라져도 변하지 않지만, 무게는 장소에 따라 달라질 수 있어."

"오호, 그렇군요!"

"또 무게는 물체의 질량에 따라 달라져. 물체의 질량이 클수록 무게가 크고, 질량이 작을수록 무게가 작지."

용선생은 냉장고에서 상한 우유와 똑같은 제품의 우유 하나를 꺼냈다.

"이건 상한 우유와 똑같은 우유야. 신선한 우유와 상한

 용선생의 과학 현미경

일상에서는 kg이나 g을 무게의 단위로 사용하지만 정확한 표현은 아니야. 무게의 단위로는 kg중(킬로그램중), g중(그램중) 등을 사용해. 지구에서 질량이 1 kg인 물체의 무게는 1 kg중이야.

 용선생의 과학 현미경

달에서 물체의 무게는 달이 물체를 잡아당기는 힘의 크기야. 달은 물체를 잡아당기는 힘이 지구보다 약해. 그래서 달에서 무게를 측정하면 지구에서 측정한 무게의 $\frac{1}{6}$밖에 되지 않아.

우유의 질량을 저울로 측정해 보면 우유가 상할 때 질량이 변하는지, 변하지 않는지 알 수 있을 거야."

용선생은 신선한 우유와 상한 우유를 차례로 전자저울 위에 올려놓았다.

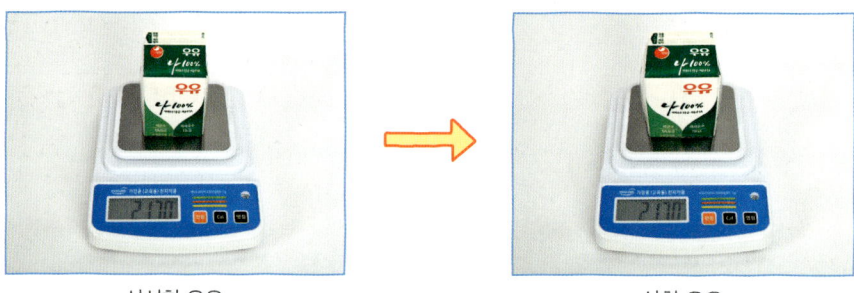

신선한 우유 　　　　　　　　　　상한 우유

▲ **신선한 우유와 상한 우유의 질량 측정** 우유가 상해도 질량은 그대로야.

"오, 질량이 똑같아요! 제가 생각했던 것과 다르네요!"

허영심이 깜짝 놀란 표정을 지으며 말했다.

"잘 봤지? 우유가 상해도 질량은 변하지 않고 그대로야. 우유가 상하면 맛과 냄새가 변해. 그러니 우유가 상하는 과정은 화학 반응이야. 화학 반응이 일어날 때 질량은 변하지 않는단다."

"물질은 변하지만 물질의 질량은 변하지 않는군요!"

"이처럼 화학 반응이 일어날 때 반응이 일어나기 전과 반응이 일어난 후 물질 전체의 질량이 변하지 않고 보존되는 것을 질량 보존 법칙이라고 하지."

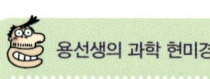

용선생의 과학 현미경

질량 보존 법칙은 1772년 프랑스 과학자 라부아지에가 실험을 통해 발견했어. 라부아지에는 물이 수소와 산소로 분해된다는 것도 알아냈어.

▲ **앙투안 라부아지에**
(1743년~1794년)

"보존은 그대로 남아 있게 한다는 뜻이죠?"

곽두기가 잽싸게 말했다.

"그래. 질량이 그대로이니 무게도 그대로이지. 그러니까 우유가 상한다고 무거워지는 건 아니란다."

"화학 반응이 일어나 물질이 새로운 물질로 변해도 질량은 그대로라니, 정말 신기해요!"

핵심정리

화학 반응이 일어날 때 반응이 일어나기 전과 반응이 일어난 후 물질 전체의 질량은 변하지 않고 보존돼. 이를 질량 보존 법칙이라고 하지.

질량이 변하지 않는 까닭은?

왕수재가 고개를 갸우뚱하며 물었다.

"화학 반응이 일어나도 질량이 변하지 않는다는 게 선뜻 이해가 되지 않아요. 새로운 물질이 생기는데 어떻게 질량이 항상 그대로일 수 있죠?"

"간단해. 지난 시간에 배운 걸 떠올려 봐. 화학 반응이 일어나면 무엇이 달라져 새로운 물질이 생긴다고 했지?"

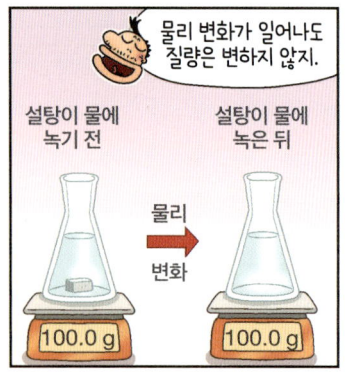

공책을 뒤적이던 나선애가 가장 먼저 손을 들었다.

"물질을 이루는 원자 배열이 달라져요!"

"맞아. 하지만 이때 원자가 새로 생기거나 없어지지는 않아. 물질을 이루는 원자의 종류와 개수가 그대로이니, 물질의 질량이 변하지 않고 그대로인 거지. 예를 들어 볼게."

용선생이 화면에 그림을 띄웠다.

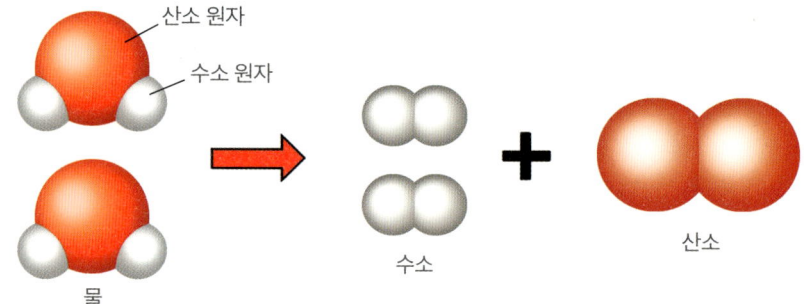

▲ 물이 수소와 산소로 분해되는 화학 반응

"물이 수소와 산소로 분해되는 화학 반응을 그림으로 나타냈어. 화학 반응이 일어나기 전에는 수소 원자와 산소 원자가 각각 몇 개씩 있지?"

"수소 원자 4개, 산소 원자 2개요!"

"화학 반응이 일어난 뒤에는 수소 원자와 산소 원자가 각각 몇 개씩 있니?"

"수소 원자 4개, 산소 원자 2개…… 수소 원자와 산소 원자 모두 화학 반응이 일어나기 전과 개수가 똑같아요!"

"맞아. 원자의 종류와 개수가 변하지 않으니 질량도 변하지 않고 그대로인 거지."

"알고 보니 정말 간단하네요!"

"참고로 물리 변화가 일어날 때에도 질량은 보존돼. 이때에도 원자가 새로 생기거나 없어지지 않거든. 예를 들어 설탕물을 만들 때 설탕이 물에 녹기 전과 물에 녹은 뒤 설탕물의 질량은 같단다."

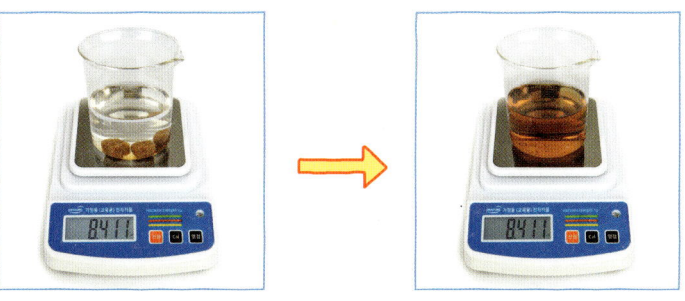

▲ 설탕이 물에 녹아도 질량은 그대로야.

핵심정리

화학 반응이 일어날 때 원자는 배열이 달라질 뿐 새로 생기거나 없어지지 않아. 그래서 물질 전체의 질량은 변하지 않고 보존돼. 물리 변화가 일어나도 질량은 보존돼.

 ## 종이가 타면 왜 가벼워질까?

그때 허영심이 손을 번쩍 들고 물었다.

"그런데요, 선생님! 종이가 타서 재가 되면 가벼워지잖아요. 그럼 질량이 변하는 거 아니에요?"

용선생이 기다렸다는 듯이 손가락을 탁 튕겼다.

"영심이가 중요한 질문을 했구나! 종이가 탈 때처럼 몇몇 화학 반응은 질량이 변하는 것처럼 보이기도 해."

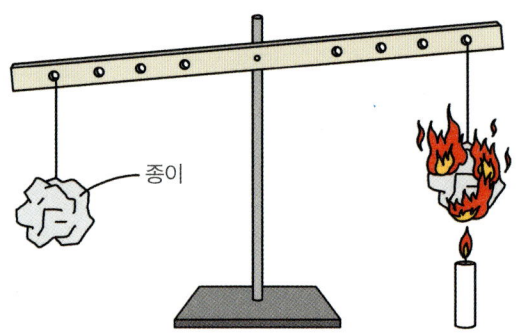

▲ 종이가 타면 질량이 줄어드는 것처럼 보여.

"질량이 변하는 것처럼 보인다고요? 그럼 사실은 질량이 변하지 않는다는 거예요?"

"그래. 영심이 말대로 종이가 타서 생긴 재는 종이보다 가벼워. 하지만 질량 보존 법칙은 물질 전체의 질량이 보존되는 거라고 했잖니."

"종이가 타면 재 말고 다른 것도 생겨요?"

왕수재가 깜짝 놀란 표정으로 물었다.

"그렇단다. 물질이 타는 것을 과학에서는 '연소'라고 해. 연소는 물질이 산소와 빠르게 반응하여 빛과 열을 내는 화학 반응이야. 연소가 일어날 때에는 연소에 쓰인 산소의 질량도 고려해야 해. 또 종이가 타면 우리 눈에는 보이지 않지만 기체인 이산화 탄소와 수증기도 생겨. 기체가 생기면 어떻게 될까?"

"다 날아가 버릴 것 같아요!"

장하다의 말에 허영심이 손뼉을 짝 치며 말했다.

"아하! 이산화 탄소와 수증기가 다 날아가 버려서 질량이 줄어드는 것처럼 보이는 거군요!"

"그렇지! 종이가 탈 때처럼 기체가 생기는 반응에서는 기체가 공기 중으로 날아가서 질량이 줄어드는 것처럼 보이기도 해. 하지만 기체가 빠져나가지 못하게 밀폐 용기에 넣고 질량을 측정하면 종이를 태우기 전과 태운 뒤의 질량은 같아."

 용선생의 과학 현미경

기체도 질량이 있어. 공기를 넣은 풍선과 공기를 넣지 않은 풍선을 양팔저울 양쪽에 매달면 공기를 넣은 풍선 쪽으로 저울이 기울어.

 곽두기의 낱말 사전

밀폐 빽빽할 밀(密) 닫을 폐(閉). 샐 틈이 없이 꼭 막거나 닫는 것을 말해.

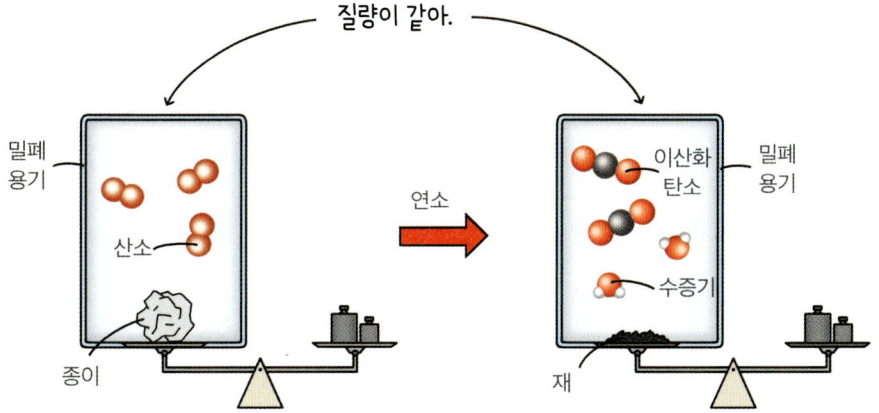

▲ **종이를 태우기 전과 후의 질량 비교** 밀폐 용기 안에 들어 있는 종이와 공기(산소 포함)의 질량을 더하면 연소가 일어난 뒤 생긴 재와 공기(이산화 탄소, 수증기 포함)의 질량을 더한 것과 같아.

"오호, 이제 확실히 알겠어요!"

"이와 반대로 질량이 늘어나는 것처럼 보이는 화학 반응도 있어."

"정말요? 어떤 반응인데요?"

"강철 솜과 같은 금속을 연소시킬 때야. 강철 솜이 타면 산화 철이라는 새로운 물질이 생기는데, 이때 강철 솜과 산화 철의 질량을 비교해 보면 산화 철의 질량이 더 커."

▲ **강철 솜** 철을 가늘게 만들어 솜처럼 뭉쳐 놓은 거야.

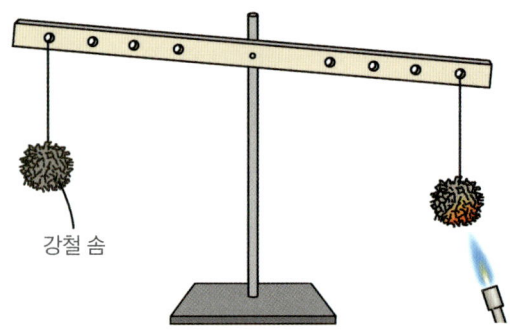

▲ 강철 솜이 타면 질량이 늘어나는 것처럼 보여.

"이번에는 또 왜 그런 거예요?"

장하다가 묻자 나선애가 손을 번쩍 들었다.

"연소는 물질이 산소와 반응하는 거라고 하셨죠? 혹시 그것과 관련이 있나요?"

"역시 선애가 예리하구나! 강철 솜이 연소하면 강철 솜이 산소와 결합하기 때문에 질량이 늘어나는 것처럼 보여.

하지만 강철 솜과 반응한 산소의 질량까지 모두 고려하면 질량은 변하지 않고 그대로란다."

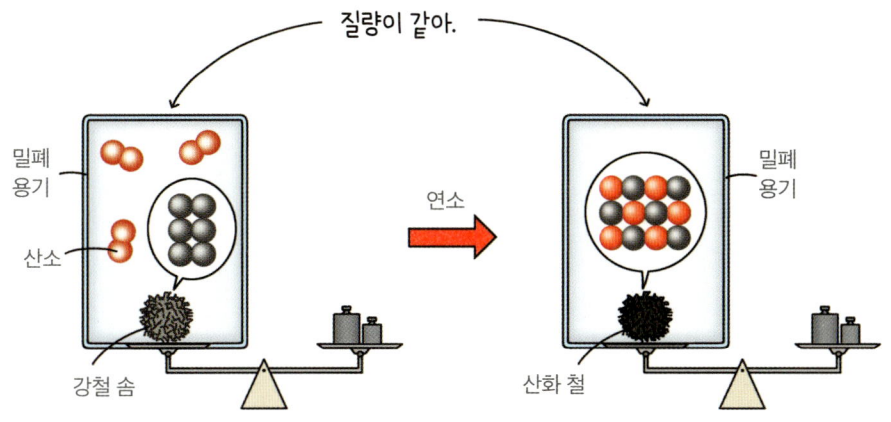

▲ 강철 솜과 연소에 쓰인 산소의 질량을 더하면 연소 후 생긴 산화 철의 질량과 같아.

"질량은 항상 보존된다고 생각하면 되겠네요!"

허영심의 말에 용선생이 고개를 세차게 끄덕였다.

"우유 얘기가 나와서 그런지 시원한 음료수가 엄청 마시고 싶어요!"

장하다가 입맛을 다시며 말했다.

"하하하, 좋아. 오늘 수업은 여기까지! 상한 우유는 버리고, 시원한 음료수 마시러 가자!"

 핵심정리

연소가 일어날 때 공기 중으로 날아간 기체의 질량, 연소하면서 결합한 산소의 질량까지 모두 고려하면 물질 전체의 질량은 변하지 않고 보존돼.

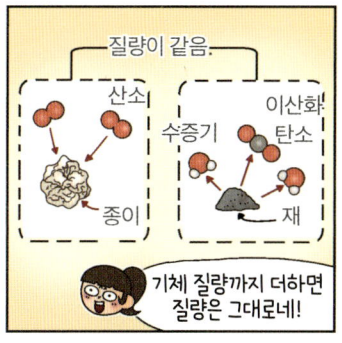

나선애의 정리노트

1. 질량 보존 법칙

① 화학 반응이 일어날 때 반응이 일어나기 전과 반응이 일어난 후 물질 전체의 ⓐ _____ 이 변하지 않고 보존되는 것

[예] 우유가 상해도 질량은 변하지 않음.

② 화학 반응이 일어날 때 원자의 배열만 달라질 뿐 원자의 ⓑ _____ 와 개수는 변하지 않기 때문임.

2. 연소가 일어날 때 질량 보존 법칙

① 연소: 물질이 ⓒ _____ 와 빠르게 반응하여 빛과 열을 내는 화학 반응

② 기체의 질량까지 모두 고려하면 물질 전체의 질량은 변하지 않음.

- 종이가 탈 때 종이와 산소의 질량을 더하면 연소 후 생긴 재, ⓓ _____ , 수증기의 질량을 더한 것과 같음.
- 강철 솜이 탈 때 강철 솜과 산소의 질량을 더하면 연소 후 생긴 산화 철의 질량과 같음.

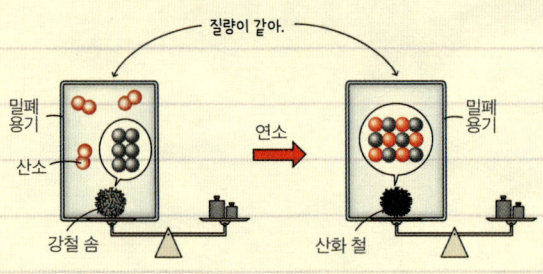

ⓐ 질량 ⓑ 종류 ⓒ 산소 ⓓ 이산화 탄소

 # 과학퀴즈 달인을 찾아라!

●정답은 111쪽에

01

친구들이 이번 시간에 배운 내용에 대해 이야기하고 있어. 옳으면 O, 옳지 않으면 X를 표시해 줘.

① 우유가 상해도 질량은 변하지 않아. (　　)
② 화학 반응이 일어나면 새로운 원자가 생겨 질량이 변해. (　　)
③ 종이가 탈 때에는 질량이 보존되지 않아. (　　)

02

다음 보기의 문장 속 괄호에 들어갈 말을 순서대로 이으면 어떤 모양이 나온대. 무슨 모양인지 그려 봐.

> 보기
> 화학 반응이 일어날 때 원자의 (　　)이 달라질 뿐 원자의 종류와 (　　)는 변하지 않아. 그래서 반응이 일어나기 전과 반응이 일어난 후 물질 전체의 (　　)은 변하지 않고 보존되는데, 이를 (　　) 법칙이라고 해.

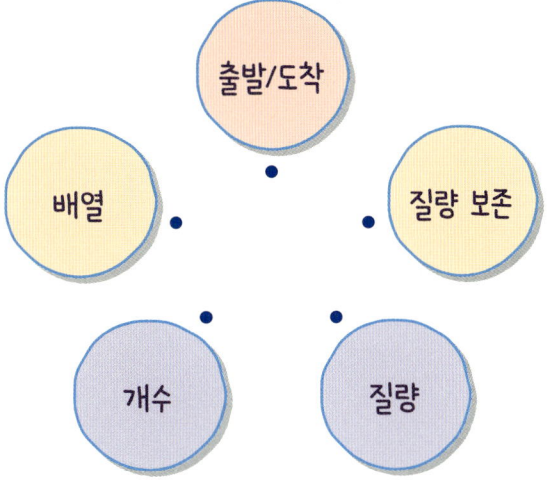

"얘들아, 여기 좀 봐! 내가 집에서 알프스 생수를 가져왔어!"

왕수재가 가방에서 생수병을 꺼내며 말했다.

"오, 이게 알프스 생수야? 뭔가 달라 보여!"

"왠지 더 맛있을 것 같아!"

아이들이 신기한 듯 생수병을 요리조리 살펴봤다. 그런데 나선애가 시큰둥한 표정을 지으며 말했다.

"흠…… 물은 어디서나 다 같은 거 아닐까?"

나선애의 말에 왕수재가 실망한 표정을 지었다. 때마침 용선생이 나타나자 왕수재가 잽싸게 물었다.

"선생님, 알프스에서 나오는 물이랑 우리 동네 약수터에서 나오는 물은 같아요, 달라요?"

용선생은 잠시 생각한 뒤 천천히 입을 열었다.

물질을 둘로 나누면?

"한마디로 답을 말하기는 어려울 것 같은데……. 좋아, 일단 혼합물과 화합물에 대해 먼저 알아보자. 그럼 답을 쉽게 이해할 수 있을 거야."

용선생은 비커 세 개에 증류수, 설탕물, 흙탕물을 각각 담았다.

"증류수가 뭐예요?"

곽두기가 비커에 적힌 라벨을 가리키며 물었다.

"우리가 마시는 물에는 물 외에 다른 물질도 조금 섞여 있어. 이런 물질들을 통틀어 불순물이라고 해. 증류수는 불순물을 모두 제거한 순수한 물이야. 보통 과학 실험을 할 때에는 증류수를 사용하지. 증류수, 설탕물, 흙탕물을 크게 두 종류로 나누어 볼래?"

장하다가 재빨리 손을 들었다.

 용선생의 과학 현미경

물에 섞여 있는 불순물이 실험 결과에 영향을 줄 수 있기 때문에 과학 실험을 할 때에는 증류수를 사용해.

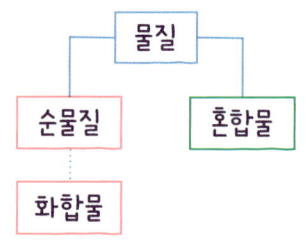

"흙탕물만 색깔이 있으니까 증류수와 설탕물은 같은 종류, 흙탕물은 다른 종류로 나눌게요."

"하하하, 그렇게 생각할 수도 있겠구나. 그런데 과학에서는 설탕물과 흙탕물이 같은 종류에 속해."

"정말요? 그렇게 나누는 기준이 뭐예요?"

"증류수는 불순물을 제거한 물이어서 '물' 한 가지 물질로만 이루어져 있어. 반면, 설탕물과 흙탕물은 물에 설탕과 흙이 각각 섞여 있지. 증류수처럼 한 가지 물질로 이루어진 물질을 '순물질'이라고 하고, 설탕물과 흙탕물처럼 두 가지 이상의 물질이 성질이 변하지 않은 채 서로 섞여 있는 것을 '혼합물'이라고 해. 이렇듯 물질은 크게 순물질과 혼합물로 나뉘어."

"아하! 순물질이냐, 혼합물이냐로 구분한 거군요!"

 용선생의 과학 현미경

원소는 더 이상 다른 물질로 분해되지 않으면서 물질을 이루는 기본 성분이야. 성분은 어떤 것의 한 부분을 말해. 원소에는 수소, 산소, 탄소, 염소, 나트륨 등이 있어.

순물질 중에는 한 가지 원소로 이루어진 것도 있어. 금, 은, 구리 등의 금속과 질소 기체, 산소 기체 등이 그 예야.

"그래. 물은 순물질 중에서도 화합물에 속해. 원자의 종류를 원소라고 하는데, 화합물은 두 가지 이상의 원소가 결합하여 만들어진 물질이야. 물 분자는 수소 원자 두 개와 산소 원자 한 개로 이루어졌다고 한 것 기억하지? 물은 수소랑 산소 두 가지 원소로 이루어졌으니 화합물이지."

허영심이 고개를 끄덕이며 물었다.

"화합물에는 물 말고 또 어떤 것들이 있어요?"

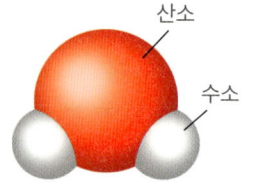

▲ 물은 두 가지 원소로 이루어진 화합물이야.

"달고나 만들 때 나왔던 물질들을 떠올려 봐. 가열하여 녹인 설탕에 베이킹 소다를 넣고 저으면 이산화 탄소가 생겼지? 설탕, 베이킹 소다, 이산화 탄소 모두 화합물이야. 소금의 주된 성분은 염화 나트륨인데, 염화 나트륨도 화합물이지."

"알고 보니 우리 주변에 화합물이 많네요."

▲ **설탕** 수소, 탄소, 산소로 이루어진 화합물이야.

▲ **베이킹 소다** 수소, 탄소, 산소, 나트륨으로 이루어진 화합물이야.

▲ **드라이 아이스** 고체 이산화 탄소로, 산소와 탄소로 이루어진 화합물이야.

▲ **염화 나트륨** 염소와 나트륨으로 이루어진 화합물이야.

핵심정리

물질은 크게 순물질과 혼합물로 나누어. 화합물은 두 가지 이상의 원소가 결합하여 만들어진 물질로, 순물질에 속해.

혼합물과 화합물의 차이는?

"화합물에는 혼합물과 다른 중요한 특징이 있어."

용선생의 말에 아이들이 귀를 쫑긋 세웠다.

"혼합물은 두 가지 이상의 물질이 섞여 있는 것이라고 했지? 혼합물인 흙탕물을 만들 때에는 흙과 물의 양을 얼마큼 섞든 상관없어. 흙 1 g과 물 10 g을 섞을 수도 있고, 흙 1 g과 물 100 g을 섞을 수도 있지."

"당연히 섞는 사람 마음이죠! 화합물은 안 그래요?"

장하다가 어리둥절한 표정으로 물었다.

"그렇단다. 예를 들어 볼게. 수소와 산소가 반응하면 물이 생기는데, 이때 수소 1 g은 항상 산소 8 g과 반응해. 수소의 질량이 2 g으로 2배가 되면, 수소와 반응하는 산소의 질량도 16 g으로 정확히 2배가 되지."

"오, 신기하네요!"

"이처럼 화합물을 이루는 성분 원소 사이에는 일정한 질량비가 성립하는데, 이를 일정 성분비 법칙이라고 해. 일정 성분비 법칙은 화합물에서만 성립하고, 혼합물에서는 성립하지 않기 때문에 화합물과 혼합물을 구분하는 기준이 되지."

"아하, 이게 바로 혼합물과 화합물의 차이군요!"

 용선생의 과학 현미경

질량비는 서로 다른 것의 질량을 비교하는 것으로, 어떤 것의 질량이 다른 것의 질량의 몇 배인지를 나타내.

일정 성분비 법칙은 1799년 프랑스 과학자 프루스트가 실험을 통해 발견했어.

▲ 조제프 루이 프루스트
(1754년~1826년)

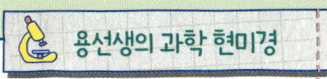

'비'에 대해 자세히 알아보자!

요리 프로그램에서 "간장과 설탕을 3 : 1로 넣으세요."라고 말하는 걸 들어 본 적 있니? 간장 세 숟가락을 넣을 때, 설탕 한 숟가락을 넣으라는 말이야. 이처럼 두 수를 나눗셈으로 비교하기 위해 기호 ':(쌍점)'을 사용하여 나타낸 것을 '비'라고 해. 3 : 1은 간단히 '3 대 1'이라고 읽거나, '3과 1의 비'라고도 읽어.

비를 나타낼 때에는 순서가 중요해. 만약 간장과 설탕의 비를 3 : 1이 아니라 1 : 3으로 나타내면 요리에 들어가는 간장과 설탕의 양이 반대가 되지. 비교하는 수가 질량을 나타내면 질량비, 부피를 나타내면 부피비라고 해. 수소 1 g이 산소 8 g과 반응할 때 수소와 산소의 질량비는 1 : 8로 나타낼 수 있어.

"그런데 화합물을 만들 때에는 왜 질량비를 맘대로 할 수 없는 거예요?"

허영심이 고개를 갸우뚱하며 물었다.

"블록으로 로봇을 만들 때를 생각해 봐. 로봇 하나를 완성하려면 필요한 부품의 종류와 수가 정해져 있지?"

"그럼요! 부품이 하나라도 모자라면 로봇을 완성할 수 없어요."

"화합물도 마찬가지야. 각 화합물을 이루는 원자의 종류

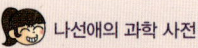

나선애의 과학 사전

과산화 수소 옅은 푸른색을 띠는 액체로, 일상생활에서는 물에 타서 묽게 만들어 상처를 소독하는 소독약으로 많이 써.

와 수는 정해져 있어. 물은 항상 수소 원자 2개와 산소 원자 1개가 결합하여 이루어져. 만일 수소 원자 2개와 산소 원자 2개가 결합하면 물이 아니라 **과산화 수소**라는 화합물이 되지."

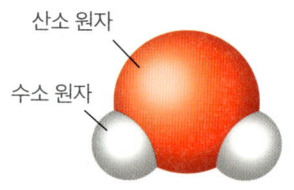
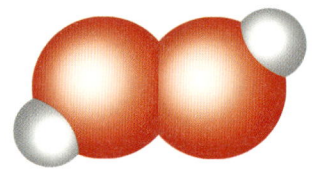

▲ **물 분자** 수소 원자 2개와 산소 원자 1개가 결합하여 이루어져.

▲ **과산화 수소 분자** 수소 원자 2개와 산소 원자 2개가 결합하여 이루어져.

"어떤 원자가 몇 개씩 결합하느냐에 따라 다른 화합물이 되는군요!"

"한 가지 더! 원자는 종류에 따라 각각 일정한 질량을 가지고 있어. 원자의 종류가 같으면 질량이 같고, 종류가 다르면 질량이 달라. 예를 들어 수소 원자의 질량을 1이라고 할 때 산소 원자의 질량은 16이야."

"산소 원자는 수소 원자보다 질량이 훨씬 크군요!"

"물 분자는 수소 원자 2개와 산소 원자 1개로 이루어졌어. 물 분자에 수소 원자는 2개 있으니까 합쳐서 질량이 2이고, 산소 원자의 질량은 16이니까 물에는 수소 1g당 산소 8g이 있는 거지."

"아하, 그래서 수소와 산소가 반응하여 물이 생길 때 수소 1g은 항상 산소 8g과 반응하는 거군요!"

"이처럼 화합물이 만들어질 때에는 물질이 단순히 섞이는 것이 아니라, 질량이 일정한 원자들이 일정한 개수씩 결합하기 때문에 화합물을 이루는 원소 사이의 질량비가 항상 일정한 거야."

아이들이 고개를 끄덕이자 용선생이 말을 이었다.

"과산화 수소는 물과 마찬가지로 수소와 산소로 이루어졌지만, 분자를 이루는 원자의 개수가 달라서 성분 원소의 질량비도 달라. 과산화 수소 분자는 수소 원자 2개와 산소 원자 2개로 이루어져서 산소 원자 개수가 물 분자의 2배야. 그래서 수소 1g당 산소 16g이 있지."

"물과 과산화 수소는 같은 종류의 원소로 이루어졌어도 성분 원소의 질량비는 다르군요!"

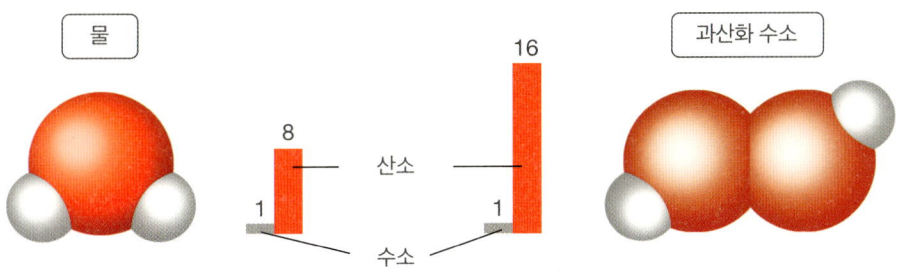

▲ 물과 과산화수소에서 수소와 산소의 질량비

나선애가 고개를 끄덕이며 들은 내용을 노트에 적었다.

화합물을 이루는 성분 원소 사이에는 일정한 질량비가 성립하는데, 이를 일정 성분비 법칙이라고 해.

일정 성분비 법칙을 이용해!

용 선생이 아이들을 둘러본 뒤 설명을 이어 갔다.

"화합물을 이루는 원소가 항상 일정한 질량비로 결합하기 때문에 어느 한 물질이 부족해지면 다른 물질이 아무리 많아도 더 이상 화합물을 만들 수 없어."

"오호, 그렇겠네요!"

"이 때문에 화합물을 만들 때 일정 성분비 법칙이 아주 유용해. 우주로 로켓을 쏘아 올릴 때에도 일정 성분비 법칙을 유용하게 이용할 수 있단다."

"로켓을 쏘아 올릴 때요? 좀 더 자세히 설명해 주세요. 궁금해요!"

장하다가 잔뜩 기대에 찬 표정으로 물었다.

"로켓이 하늘 높이 올라가려면 연료가 필요한데, 이때 쓰이는 연료 중 하나가 수소야. 수소를 연소시키면 수소가 산소와 반응하여 수증기가 생기면서 엄청난 에너지가 만들어지거든."

"아하, 연료인 수소가 연소될 때 생기는 에너지로 로켓이 위로 올라가는 거군요!"

"그렇지. 그런데 수소와 산소를 로켓에 실을 때 그 둘을 무작정 많이 실을 수는 없어."

"그렇겠네요. 로켓이 너무 무거워지면 안 되니까요."

▲ **우주왕복선(스페이스셔틀)** 로켓을 쏘아 올릴 때 일정 성분비 법칙을 이용할 수 있어.

"맞아. 또 로켓 안에 수소와 산소를 실을 공간도 한정돼 있으니 말이야. 이때 일정 성분비 법칙을 이용하면 산소를 꼭 필요한 양만큼만 실을 수 있지. 수소와 결합하여 수증기가 될 수 있을 만큼만 말이야. 아까 수소와 산소가 반응하여 물이 생길 때 수소 1g은 항상 산소 8g과 반응한다고 했지? 그러니까……."

"아하! 산소의 질량을 수소 질량의 8배가 되도록 맞추면 되겠군요!"

나선애가 손뼉을 짝 치며 말했다.

"그렇지! 만약 수소 1,000 kg을 싣는다면, 산소는……."

왕수재가 손을 번쩍 들며 외쳤다.

"잠깐만요! 제가 말할게요. 음…… 산소는 수소 질량의 8배가 필요하니까…… 8,000 kg만 있으면 돼요!"

"그렇지! 만일 산소 9,000 kg을 싣는다면, 산소 1,000 kg은 수소와 반응하지 않고 그대로 남게 될 거야."

"쓰지도 못하는 산소를 가져가느라 괜히 무겁기만 하겠네요!"

그때 왕수재가 손을 번쩍 들고 물었다.

"근데요, 저희 궁금증은 언제 풀어 주실 거예요?"

"아참, 알프스 생수 말이구나! 화합물을 이루는 원자의 종류와 수는 정해져 있다고 했지? 물 분자는 항상 수소 원자 두 개와 산소 원자 한 개로 이루어져. 그러니 알프스 생수, 동네 마트의 생수, 약수터 물 등 장소와 관계없이 물 자체는 모두 같겠지?"

"그것 봐! 내 말이 맞았지?"

나선애가 목에 힘을 주며 말했다. 그러자 왕수재가 고개를 저으며 믿을 수 없다는 표정을 지었다.

"그럼 알프스 생수와 동네 약수터 물이 똑같다고요?"

"우리가 마시는 물에는 물 외에 다른 물질도 조금 녹아 있는데, 알프스 생수와 약수터 물에 녹아 있는 물질이 모두 같지는 않아."

"아하, 물에 녹아 있는 것들까지 모두 포함하면 알프스 생수와 약수터 물이 다른 게 맞네요!"

나선애와 왕수재는 모두 흡족한 표정을 지었다.

핵심정리

일정 성분비 법칙을 이용하면 수소를 연료로 사용하는 로켓을 발사할 때 필요한 산소의 양을 알아낼 수 있어.

나선애의 정리노트

1. 순물질과 혼합물
① ⓐ : 한 가지 물질로 이루어진 물질
· ⓑ : 두 가지 이상의 원소가 결합하여 만들어진 물질로, 순물질에 속함.
  [예] 물, 설탕, 베이킹 소다, 이산화 탄소, 염화 나트륨
② ⓒ : 두 가지 이상의 물질이 성질이 변하지 않은 채 서로 섞여 있는 것
  [예] 설탕물, 흙탕물

2. 일정 성분비 법칙
① 화합물을 이루는 성분 원소 사이에 일정한 ⓓ 가 성립하는 것
  [예] 물을 이루는 산소의 질량은 수소 질량의 8배임.
② 혼합물에서는 성립하지 않고 화합물에서만 성립하므로 혼합물과 화합물을 구분하는 기준이 됨.
③ 화합물을 이루는 ⓔ 가 항상 일정한 개수씩 결합하고, 각 원자의 질량이 일정하기 때문임.

ⓐ 순물질 ⓑ 화합물 ⓒ 혼합물 ⓓ 질량비 ⓔ 원자

 # 과학퀴즈 달인을 찾아라!

●정답은 111쪽에

01

친구들이 이번 시간에 배운 내용에 대해 이야기하고 있어. 옳으면 O, 옳지 않으면 X를 표시해 줘.

① 화합물은 한 가지 원소로 이루어진 물질이야. (   )

② 화합물을 이루는 성분 원소 사이에는 일정한 질량비가 성립해. (   )

③ 일정 성분비 법칙은 혼합물에서도 성립해. (   )

02

친구들이 수소를 연료로 사용하는 로켓을 타고 우주여행을 하려고 해. 남는 물질이 생기지 않도록 수소와 산소를 준비한 친구는 누구인지 알아맞혀 봐.

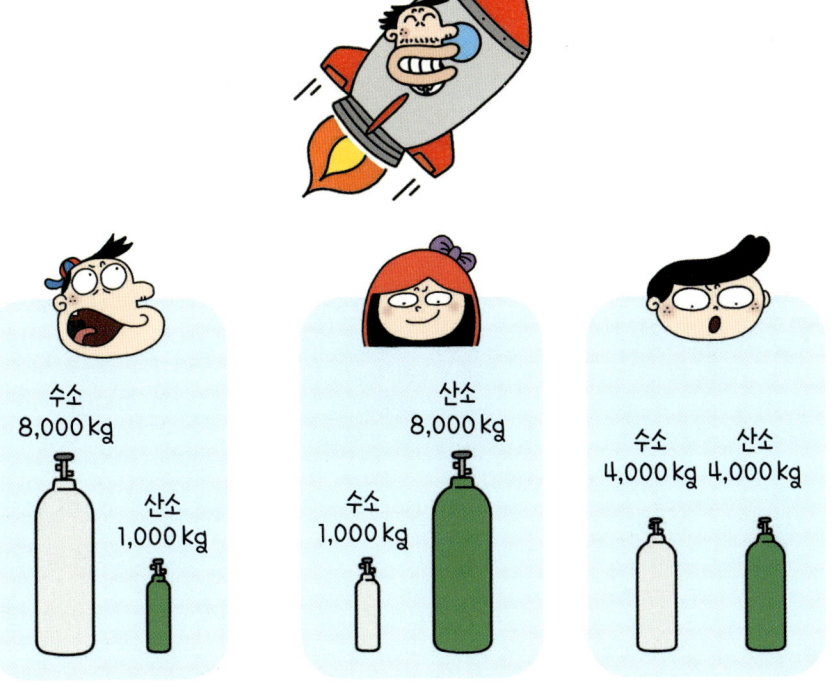

https://cafe.naver.com/yongyong

용선생의 과학 카페

과학계의 핵인싸,
용선생의 과학 카페에
오신 걸 환영합니다.

Log in

오늘은 어떤
재미난 지식을
올려 볼까?

MENU

물리면 아프다
화학이 화하하
생물 오징어
지구는 둥글다

화학 반응의 또 다른 법칙을 찾아서!

질량 보존 법칙과 일정 성분비 법칙은 모든 화학 반응에서 성립해. 그런데 화학 반응에서 기체끼리 반응하여 새로운 기체가 생길 때에만 성립하는 법칙이 있어. 바로 기체 반응 법칙과 아보가드로 법칙이야. 타임머신을 타고 이 법칙들을 발견한 과학자들을 차례로 만나 보자.

출발!

목적지 시간: 1808년

기체 반응 법칙

나는 기체 반응 법칙을 발견한 프랑스의 과학자 게이뤼삭이야. 온도와 압력을 일정하게 하고 수소와 산소를 반응시켜 수증기를 만드는 실험을 했어. 이때 수소, 산소, 수증기의 부피비가 항상 일정하다는 것을 발견했지.

▲ 조제프 루이 게이뤼삭
(1778년~1850년)

예를 들어, 수소가 블록 2개 부피만큼 있을 때, 수소는 항상 블록 1개 부피만큼의 산소와 반응해. 이때 수증기는 블록 2개 부피만큼 생겨.

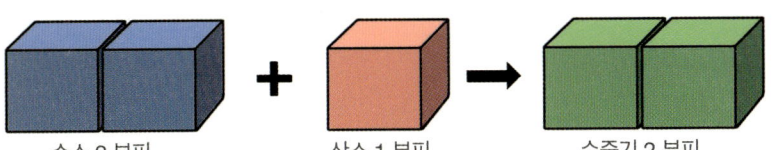

▲ 수소와 산소가 반응하여 수증기가 될 때 기체의 부피비는 항상 일정해.

이처럼 일정한 온도와 압력에서 기체가 반응하여 새로운 기체가 생길 때 각 기체 사이에 간단한 부피비가 성립하는 걸 기체 반응 법칙이라고 해.

목적지 시간:1811년

아보가드로 법칙

▲ 아메데오 아보가드로
(1776년~1856년)

난 아보가드로 법칙을 발견한 이탈리아의 과학자 아보가드로야. 기체는 온도와 압력이 일정할 때 기체의 종류와 관계없이 같은 부피 속에 같은 수의 분자를 포함한다는 것을 알아냈어. 예를 들어 수소, 산소, 수증기 기체는 분자의 크기는 모두 다르지만, 같은 부피 속에 들어 있는 분자의 개수는 모두 같아. 분자를 제일 처음 생각해 낸 사람이 바로 나란다!

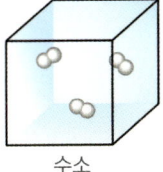
수소

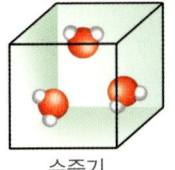
산소

수증기

▲ 수소, 산소, 수증기는 같은 부피 속에 같은 수의 분자가 있어.

사이드바:
- 장하다의 오답을 피하는 방법
- 나선애의 야무진 실험실
- 왕수재의 아는 척 과학교실
- 허영심의 별 헤는 밤
- 곽두기의 빅뱅 따라잡기

COMMENTS

- 난 타임머신 타고 과거 대신 미래로 가 보고 싶어!
  └ 커서 뭐가 되는지 보려고?
  └ 아니! 로또 번호 보려고!
  └ 헐…

4교시 | 발열 반응과 흡열 반응

불 없이 음식을
데우는 방법은?

우아, 맛있겠다!

오, 따뜻해!

교과연계

- 초 3-1 물질의 성질
- 초 6-2 연소와 소화
- 중 3 화학 반응의 규칙과 에너지 변화

주위에 불도 없는데 어떻게 음식을 데웠을까?

다 방법이 있지. 함께 알아보자.

1. 화학 반응이란?
2. 질량 보존 법칙
3. 일정 성분비 법칙
4. **발열 반응과 흡열 반응**
5. 산화 반응과 환원 반응
6. 앙금 생성 반응

"와, 달걀이다! 저희를 위해 간식을 준비하신 거예요? 선생님, 최고!"

용선생 손에 들린 달걀 봉지를 발견한 아이들이 환호성을 질렀다.

"하하하! 맞아. 근데 이건 날달걀이니 삶아서 먹자."

장하다가 주변을 두리번거리며 물었다.

"불도 없는데 어떻게요?"

용선생이 빙긋 웃으며 가방에서 도시락을 꺼냈다.

"이 도시락은 좀 특별해서 이것만 있으면 충분해!"

아이들이 어리둥절한 표정으로 도시락과 달걀을 번갈아 바라보았다.

"도시락으로 달걀을 삶는다고요?"

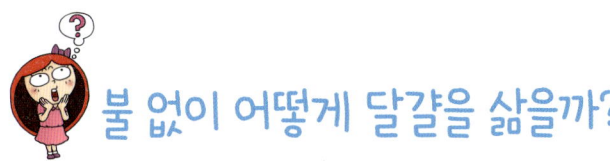

불 없이 어떻게 달걀을 삶을까?

"이건 평범한 도시락이 아니라 '발열 도시락'이라고 하는 특별한 도시락이야. 이름에서 알 수 있듯이 열을 내는 도시락이지. 화학 반응을 이용해서 말이야."

"화학 반응으로 열을 낸다니 상상이 안 돼요!"

용선생이 빙긋 웃으며 발열 도시락에서 손난로처럼 생긴 팩을 꺼냈다.

"이 도시락 안에는 발열 팩이 들어 있어. 여기에 물을 부으면 어떻게 되는지 잘 보렴."

용선생은 도시락의 바깥 그릇에 발열 팩을 넣고 물을 부었다. 그리고 도시락 안쪽 그릇에 물과 달걀을 넣고 도시락 뚜껑을 닫았다.

"우아! 바깥 그릇의 물이 보글보글 끓어요!"

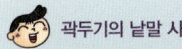

곽두기의 낱말 사전

발열 일어날 발(發) 열 열(熱). 열을 낸다는 뜻이야.

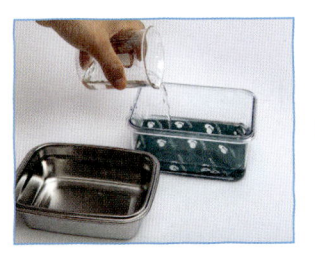
바깥 그릇에 발열팩을 넣고 물을 부어.

안쪽 그릇에 달걀과 물을 넣어.

뚜껑을 닫고 변화를 관찰해.

▲ 발열 도시락으로 달걀을 삶는 방법

물이 끓어.

곽두기가 눈이 휘둥그레져 외쳤다.

"잘 봤지? 달걀이 있는 안쪽 그릇의 물도 곧 뜨거워질 거야."

"정말 도시락만 가지고 달걀을 삶을 수 있군요!"

"그렇다니까! 달걀이 익는 데 시간이 좀 걸리니까 수업이 끝날 때쯤 확인해 보자."

그때 허영심이 손을 들고 물었다.

"근데 발열 팩에 물을 부으면 왜 물이 끓는 거예요?"

"맞아요. 불도 없는데 물이 끓는 게 정말 신기해요!"

"하하, 알고 보면 원리는 아주 간단해. 발열 팩에는 산화 칼슘이라는 물질이 들어 있어. 여기에 물을 부으면 산화 칼슘이 물과 반응하여 수산화 칼슘이 되면서 주위로 열을 내보내. 이때 나온 열로 물의 온도가 높아져 물이 끓는 거야."

▲ **산화 칼슘** 흰색 가루로, 생석회라고도 불러. 물과 반응할 때 나오는 열로 세균을 죽일 수 있어서 소독제로도 쓰여.

"와, 화학 반응으로 달걀을 삶다니!"

장하다가 입맛을 다시며 말했다.

"이처럼 화학 반응이 일어날 때 주위로 열을 내보내는 반응을 '발열 반응'이라고 해. 발열 반응이 일어나면 열이 나와서 주위의 온도가 높아지지."

"도시락의 비밀이 발열 반응에 있었군요!"

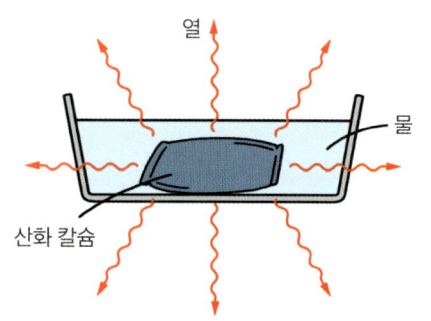

▲ 산화 칼슘이 물과 반응할 때 주위로 열을 내보내.

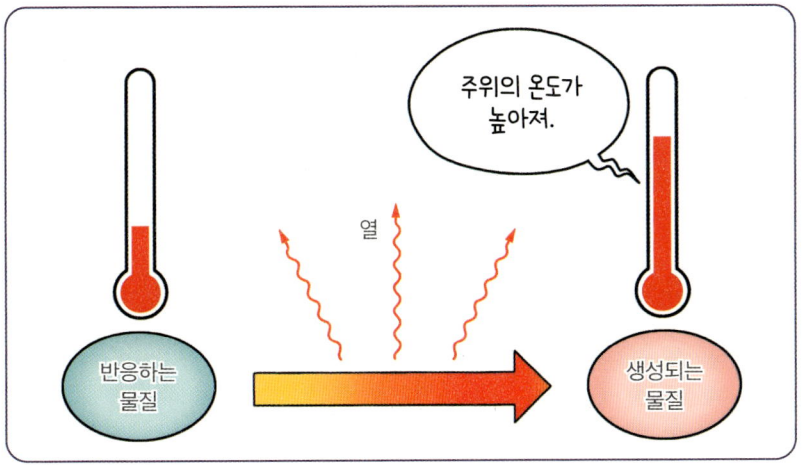

▲ **발열 반응** 주위로 열을 내보내 주위의 온도가 높아져.

화학 반응이 일어날 때 주위로 열을 내보내는 반응을 발열 반응이라고 해. 발열 반응이 일어나면 주위의 온도가 높아져.

 물이 접착제가 되는 비밀!

"그런데요, 화학 반응이 일어나면 항상 열이 나와요?"

"대부분의 화학 반응은 발열 반응이어서 열을 내보내. 하지만 모든 화학 반응이 그런 건 아니야. 이번에는 주위로부터 열을 흡수하는 화학 반응을 보여 줄게."

용선생은 나무판에 물을 서너 방울 떨어뜨린 뒤, 그 위에 삼각 플라스크를 올려놓았다.

"에이, 아무 일도 일어나지 않는데요?"

왕수재가 실망한 목소리로 말했다.

"하하하, 지금부터가 시작이란다! 삼각 플라스크에 염화 암모늄과 수산화 바륨을 넣고 잘 섞을 테니 조금만 기다려 보렴."

시간이 조금 지난 뒤 용선생이 말했다.

"수재야, 나무판 위의 삼각 플라스크를 들어 볼래?"

▲ 염화 암모늄과 수산화 바륨의 반응 물기가 있는 나무판이 삼각 플라스크에 붙어.

"우아, 나무판이 삼각 플라스크에 붙어 함께 들려요!"

"후후, 이번에는 삼각 플라스크를 한번 만져 볼래?"

삼각 플라스크에 손을 댄 왕수재가 깜짝 놀라 외쳤다.

"앗, 플라스크가 얼음처럼 차가워요!"

"염화 암모늄과 수산화 바륨을 섞으면 화학 반응이 일어나는데, 이때 주위로부터

▲ 염화 암모늄과 수산화 바륨이 반응할 때 주위로부터 열을 흡수해.

열을 흡수해. 그래서 주위의 온도가 낮아지지."

"발열 도시락과는 반대네요!"

"그래. 이처럼 화학 반응이 일어날 때 주위로부터 열을 흡수하는 반응을 '흡열 반응'이라고 해. 흡열은 열을 흡수한다는 뜻이야. 흡열 반응 때문에 주위의 온도가 낮아져 나무판과 삼각 플라스크 사이에 있는 물이 얼어서 나무판이 삼각 플라스크에 달라붙은 거지."

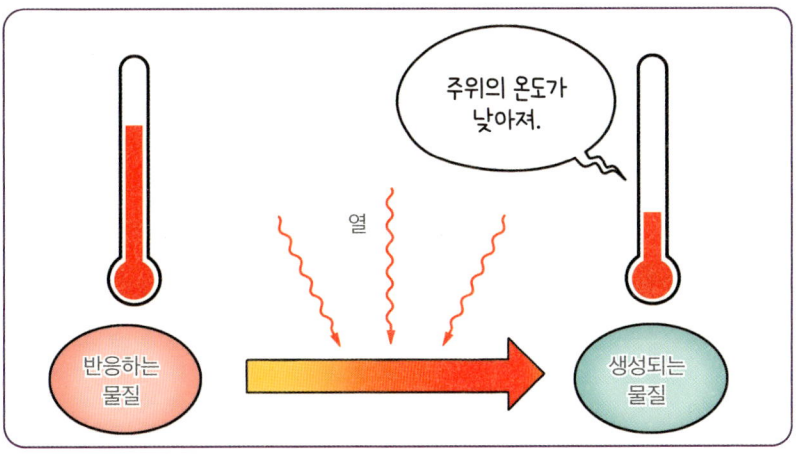

▲ **흡열 반응** 주위로부터 열을 흡수해 주위의 온도가 낮아져.

"흡열 반응으로 언 물이 나무판과 삼각 플라스크를 붙여 놓는 접착제가 된 거네요!"

화학 반응이 일어날 때 주위로부터 열을 흡수하는 반응을 흡열 반응이라고 해. 흡열 반응이 일어나면 주위의 온도가 낮아져.

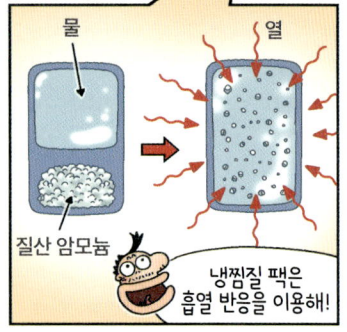

 발열 반응과 흡열 반응을 이용해!

"발열 반응과 흡열 반응은 우리 생활에서 매우 중요해. 너희들이 오늘 아침에 일어나서 학교에 올 때까지도 발열 반응을 여러 번 이용했을걸?"

"정말요? 전혀 짐작이 안 가는데요?"

허영심이 고개를 갸웃거리며 말했다.

"따뜻한 물로 샤워하고, 불로 조리된 음식을 먹고, 차를 타고 이동하는 것 모두 발열 반응을 이용하는 거야."

"좀 더 자세히 설명해 주세요."

"연소는 가장 대표적인 발열 반응이야. 보일러로 물을 데우고, 가스레인지로 음식을 조리하고, 자동차가 기름으로 달리는 것 모두 연료를 연소시킬 때 나오는 열을 이용하는 거지."

"오, 발열 반응이 이렇게 중요할 줄이야!"

"겨울에 손난로 많이 쓰지? 손난로도 발열 반응을 이용

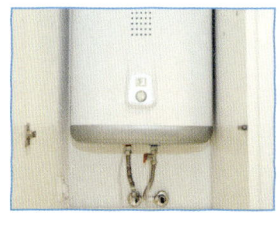  

▲ 보일러, 가스레인지, 자동차 엔진은 발열 반응을 이용해.

해. 손난로 안에는 철 가루가 들어 있는데, 손난로를 흔들면 철 가루가 공기 중의 산소와 반응하여 산화 철이 돼. 이때 열이 나와서 손난로가 따뜻해지는 거야."

"발열 반응을 알기 훨씬 전부터 발열 반응 덕분에 편하게 살고 있었네요, 하하하!"

"흡열 반응을 이용하는 경우는 없나요?"

"냉찜질 팩은 흡열 반응을 이용해. 냉찜질 팩 안에는 질산 암모늄과 물이 서로 분리되어 들어 있어. 냉찜질 팩을 세게 누르면 물이 들어 있는 비닐 팩이 터지면서 질산 암모늄과 물이 섞이게 되어 주위의 온도가 낮아지는 흡열 반응이 일어나."

"아하, 그래서 냉찜질 팩이 차가워지는 거군요!"

용선생이 "그렇지!" 하며 고개를 끄덕였다. 장하다가 달걀을 넣어 둔 발열 도시락을 힐끔거리며 말했다.

"근데 이제 달걀이 다 익지 않았을까요?"

"좋아. 오늘 수업은 이쯤 하고, 다 같이 달걀 먹자!"

▲ 손난로는 발열 반응을 이용해.

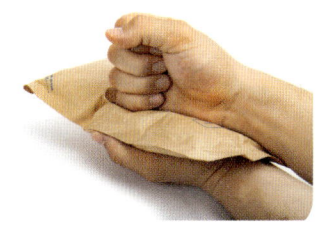
▲ 냉찜질 팩은 흡열 반응을 이용해.

▲ **질산 암모늄** 냄새가 없는 흰색 고체로, 농업용 비료나 냉찜질 팩에 쓰여.

핵심정리

발열 반응과 흡열 반응은 우리 생활에 널리 이용되고 있어. 보일러, 가스레인지, 자동차 엔진, 손난로는 발열 반응을 이용하고, 냉찜질 팩은 흡열 반응을 이용해.

나선애의 정리노트

1. ⓐ☐ 반응
   ① 화학 반응이 일어날 때 주위로 열을 내보내는 반응
   ② 주위의 온도가 ⓑ☐.

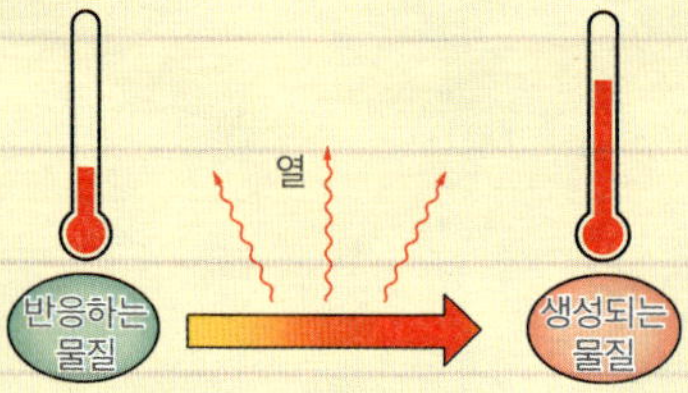

   ③ 발열 반응을 이용하는 예
   • 발열 도시락, 보일러, 가스레인지, 자동차 엔진, 손난로 등

2. ⓒ☐ 반응
   ① 화학 반응이 일어날 때 주위로부터 열을 흡수하는 반응
   ② 주위의 온도가 ⓓ☐.

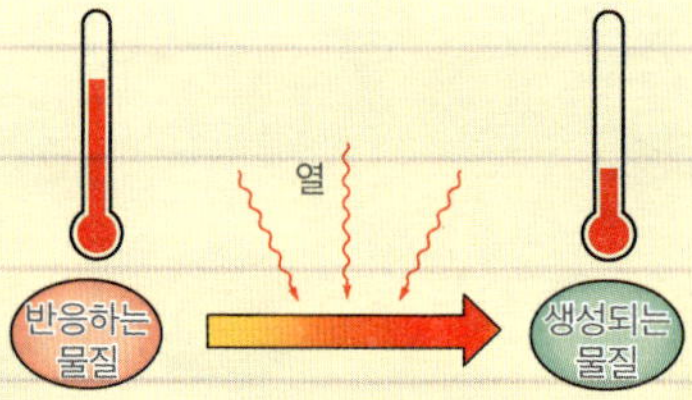

   ③ 흡열 반응을 이용하는 예
   • 냉찜질 팩 등

ⓐ 발열 ⓑ 높아짐 ⓒ 흡열 ⓓ 낮아짐

 **과학퀴즈** 달인을 찾아라!

●정답은 111쪽에

01

친구들이 이번 시간에 배운 내용에 대해 이야기하고 있어. 옳으면 O, 옳지 않으면 X를 표시해 줘.

① 발열 반응은 주위로 열을 내보내는 반응이야. (   )
② 흡열 반응은 주위로부터 열을 흡수하는 반응이야. (   )
③ 냉찜질 팩은 발열 반응을 이용해. (   )

02

장하다가 달걀을 삶아 먹으려고 하는데, 불이 없어. 이를 본 용선생이 발열 도시락을 주고 갔는데, 퍼즐에 사용법이 적혀 있대. 퍼즐을 풀고 문장을 완성해 장하다가 달걀을 삶을 수 있게 도와줘.

 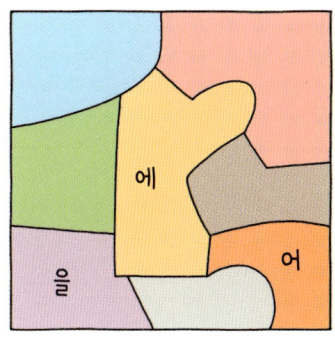

용선생의 과학 카페 | 용선생의 한국사 카페 | 용선생의 세계사 카페

https://cafe.naver.com/yongyong

용선생의 과학 카페

과학계의 핵인싸, 용선생의 과학 카페에 오신 걸 환영합니다.

Log in

MENU
- 물리면 아프다
- 화학이 화하하
- 생물 오징어
- 지구는 둥글다

우리 몸에서도 발열 반응이 일어난다고?

오래달리기나 수영 같은 격한 운동을 하고 나면 몸에서 열이 나는 걸 느껴 본 적 있니? 격한 운동을 하면 우리 몸에서는 에너지를 얻기 위해 화학 반응이 일어나는데, 이 화학 반응이 열을 내보내는 발열 반응이야. 그래서 격한 운동을 하고 나면 몸에서 열이 나는 걸 느낄 수 있지.

▲ 격한 운동을 하고 나면 몸에서 열이 나.

에너지는 운동할 때뿐 아니라 공부하고, 성장하고, 체온을 유지하는 데에도 쓰여. 심지어 아무것도 하지 않고 가만히 있을 때에도 생명을 유지하기 위해 최소한의 에너지가 쓰이지. 그래서 우리가 살아 있는 동안 우리 몸에서는 발열 반응이 계속 일어난단다.

▲ 음식을 통해 영양분을 섭취해.

에너지가 만들어질 때 우리 몸에서는 어떤 화학 반응이 일어날까? 우선 우리 몸은 음식을 먹어서 영양분을 섭취해. 그럼 음식 속 영양분은 산소와 반응하여

▲ 우리 몸은 음식의 영양분이 산소와 반응하는 화학 반응을 통해 에너지를 얻어.

물과 이산화 탄소가 되는데, 이 화학 반응이 바로 에너지를 만드는 발열 반응이야.

만일 우리 몸이 쓰는 에너지보다 우리가 먹은 음식이 더 많으면 어떻게 될까? 남은 영양분은 지방으로 바뀌어 우리 몸에 차곡차곡 쌓이면서 몸무게가 늘어나지.

반대로 우리가 먹은 음식보다 우리 몸이 쓰는 에너지가 더 많으면 우리 몸에서는 발열 반응이 더 많이 일어나. 이때 몸에 쌓인 지방이 발열 반응에 쓰여서 몸무게가 줄어들어. 그러니까 다이어트를 하고 싶다면 지방이 에너지를 만드는 데 쓰이도록 많이 움직이면 되겠지?

- 장하다의 오답을 피하는 방법
- 나선애의 야무진 실험실
- 왕수재의 아는 척 과학교실
- 허영심의 별 헤는 밤
- 곽두기의 빅뱅 따라잡기

▲ 많이 움직이면 우리 몸에서 발열 반응이 많이 일어나.

COMMENTS

- 난 운동하기 싫은 게 아니고, 에너지를 쓰기 싫은 거라고!
  ㄴ 근데 에너지를 얻기 위해 음식을 먹는 건 좋지?
  ㄴ 헤헤, 당연하지!
  ㄴ 난 둘 다 좋아!

5교시 | 산화 반응과 환원 반응

반딧불이는 어떻게 빛을 낼까?

우아, 불빛이 정말 황홀해!

숲속에서 등불 축제를 하는 것 같아!

"우아, 불빛이 정말 예쁘다!"

나선애가 허영심의 휴대 전화에서 눈을 떼지 못하며 말했다.

"직접 보면 더 멋있어! 꼭 꿈나라에 와 있는 것 같다니까!"

"너희 뭐 봐?"

장하다가 다가오며 물었다.

"주말에 캠핑을 갔는데, 반딧불이가 엄청 많더라고. 그래서 동영상으로 찍어 왔지."

"이게 반딧불이야? 오, 신기해! 꼭 야광봉을 흔드는 것 같아!"

장하다가 신기한 듯 바라보더니 고개를 갸웃했다.

"근데 반딧불이는 어떻게 몸에서 빛을 내는 걸까?"

"글쎄……."

오래된 종이가 누렇게 변한 까닭은?

아이들의 대화를 조용히 듣고 있던 용선생이 말했다.

"영심이가 반딧불이 서식지에 다녀왔구나. 반딧불이가 내는 불빛이 정말 멋지지?"

"네! 근데 반딧불이는 어떻게 빛을 내는 거예요? 설마 몸에 전등이 달려 있는 건 아니죠?"

장하다가 진지한 표정으로 묻자 아이들이 웃음을 터뜨렸다.

"하하하! 반딧불이는 전등이 아니라 화학 반응으로 빛을 낸단다."

"화학 반응으로 빛을 낸다고요? 어떻게요?"

"반딧불이의 배에는 루시페린이라는 물질이 있어. 이 물질이 공기 중에 있는 산소와 반응하면 옥시루시페린이라는 새로운 물질이 생기는데, 이때 빛이 나와."

"아하, 그렇군요!"

> **나선애의 과학 사전**
>
> **서식지** 깃들일 서(棲) 숨쉴 식(息) 땅 지(地). 생물 따위가 일정하게 자리를 잡고 사는 곳을 말해. 땅, 바다, 강, 나무 등 다양한 자연 환경이 생물의 서식지가 될 수 있어.

> **용선생의 과학 현미경**
>
> 생물이 화학 반응을 통해 빛을 내는 현상과 관련된 물질을 통틀어 루시페린이라고 해. 루시페린의 구조는 생물의 종류에 따라 조금씩 달라.

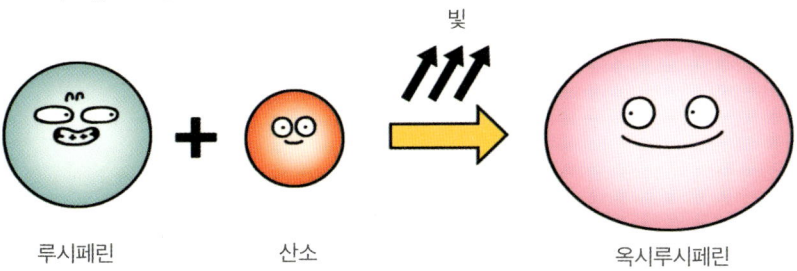

▲ 반딧불이가 빛을 낼 때 일어나는 화학 반응 실제 화학 반응은 이보다 더 복잡해.

▲ 반딧불이 배 끝에서 노란색 빛이 나와.

"루시페린이 산소와 결합하는 것처럼 어떤 물질이 산소와 결합하는 화학 반응을 '산화 반응'이라고 해. 이때 산소와 결합한 물질은 산화되었다고 하지. 산화 반응으로 생긴 물질은 원래 물질과는 성질이 다른 새로운 물질이야."

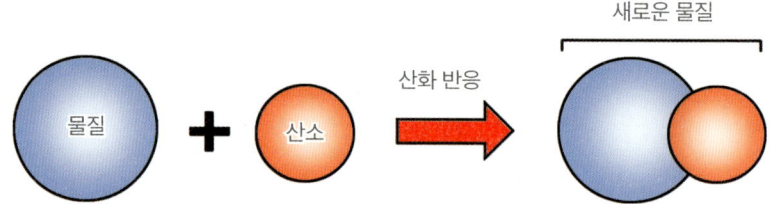

▲ **산화 반응** 물질이 산소와 결합하는 화학 반응이야.

"아하! 반딧불이 몸에서 산화 반응이 일어나 빛이 나오는 거군요!"

"산화 반응이 일어나면 항상 빛이 나와요?"

"그건 아니야. 반딧불이가 빛을 내는 건 루시페린이 산화되었기 때문이지. 산화 반응은 우리 주변에서 늘 일어나고 있는데, 빛이 나오지 않는 경우가 더 많아. 지금 이 순간 과학실에서도 산화 반응이 일어나고 있단다."

"정말요? 아무 일도 안 일어나고 있는데요?"

왕수재가 주위를 두리번거리며 말했다. 그러자 용선생이 빙긋 웃으며 책장에서 두툼한 책 한 권을 꺼냈다.

"이 책은 과학실에 오랫동안 보관돼 온 책이야. 종이 색깔이 어떠니?"

"누렇게 보여요."

"원래 종이 색은 이렇지 않았는데, 종이가 공기 중의 산소와 반응해 산화돼서 색깔이 누렇게 변한 거야."

용선생이 과학실 서랍에서 녹슨 핀셋을 꺼냈다.

"핀셋이 녹슬어 색이 변한 것 보이지? 금속이 녹스는 것도 산화 반응이란다. 금속이 공기 중의 산소와 반응하여 산화돼 색이 변하는 거지."

"종이 색이 변하고, 금속이 녹스는 건 많이 보던 건데, 그게 다 산화 반응이었군요!"

"금속이 녹스는 것은 매우 천천히 일어나는 산화 반응이야. 반면에 매우 빠르게 일어나는 산화 반응도 있어. 연소는 물질이 무엇과 반응하는 것이었는지 기억하니?"

"네, 산소요!"

아이들이 한목소리로 답했다. 그러자 허영심이 이마를 탁 치며 말했다.

"물질이 산소와 반응하는 것이니까…… 혹시 연소도 산화 반응이에요?"

"맞아! 물질이 타는 것도 산화 반응이란다."

"그동안 몰랐었는데 산화 반응은 우리 주변에서 늘 일어

▲ 종이 색이 누렇게 변하는 것은 산화 반응이야.

▲ 금속이 녹스는 것도 산화 반응이야.

▲ 연소도 산화 반응이야.

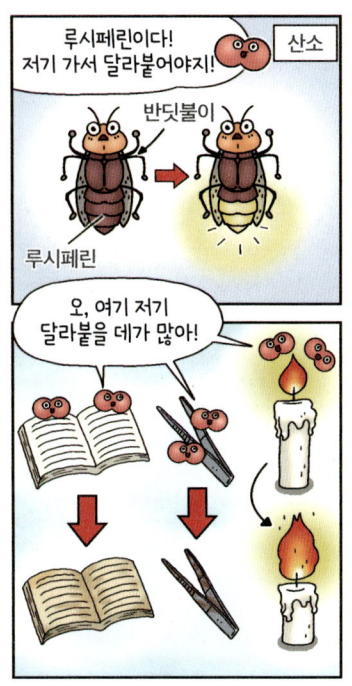

나고 있네요!"

곽두기가 고개를 끄덕이다 갑자기 물었다.

"산화 반응은 왜 이렇게 자주 일어나는 거예요?"

"산소는 다른 물질과 반응하려는 성질이 매우 강해. 그래서 금속을 공기 중에 놓아두기만 해도 산소와 반응해서 금속이 녹스는 거지."

"오호, 산소에 그런 성질이 있었군요!"

어떤 물질이 산소와 결합하는 화학 반응을 산화 반응이라고 해. 산소는 다른 물질과 반응하려는 성질이 매우 강해서 산화 반응은 우리 주변에서 늘 일어나.

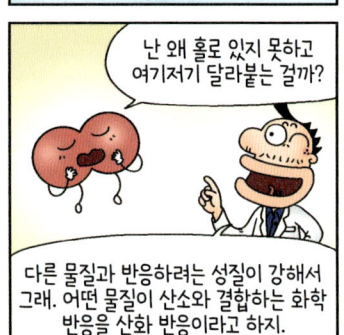

 **순수한 철 만들기 대작전!**

용선생은 물을 한 모금 마시고 말을 이었다.

"산소와 결합하는 화학 반응이 있다면, 반대로 산소를 잃는 화학 반응도 있어. 산소와 결합한 물질이 산소를 잃는 화학 반응을 '환원 반응'이라고 해. 이때 산소를 잃는

물질은 환원되었다고 하지."

"환원 반응 중에 저희가 알 만한 게 있나요?"

용선생이 고개를 끄덕이며 화면에 사진을 띄우자 아이들이 "우아!" 하며 탄성을 질렀다.

▲ 제철소에서 철을 얻는 모습 녹은 철이 흘러내리고 있어.

"제철소에서 철을 얻는 모습이야. 철은 자연에서 산소와 결합하여 산화 철을 이루고 있어. 순수한 철을 얻으려면 산화 철이 주성분인 철광석에서 산소를 떼어 내야 하는데, 이때 환원 반응을 이용하지."

설명을 듣고 있던 나선애가 고개를 갸우뚱하며 물었다.

"그런데 산화 철에서 산소를 어떻게 떼어 내요?"

"산소는 다른 물질과 반응하려는 성질이 매우 강하다고

▲ 호주 필바라 지역의 철광석

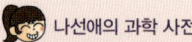
나선애의 과학 사전

일산화 탄소 색과 냄새가 없는 기체로, 독성이 있어. 탄소를 포함한 물질이 산소가 부족한 곳에서 연소할 때 생겨.

▲ **코크스** 석탄을 이용해 만든 연료야. 거의 탄소로 이루어졌어.

했지? 그러니까 산화 철에서 산소가 저절로 떼어지지는 않아. 산화 철에서 산소를 떼어 내려면 산화 철에 있는 산소가 철 대신 다른 물질과 결합하게 하면 돼."

"어떻게요?"

"일산화 탄소를 이용하는 거지. 산소는 철보다 일산화 탄소와 결합하기를 더 좋아하거든. 용광로 위쪽에서 철광석, 코크스 등을 넣어 주고, 밑에서 매우 뜨거운 공기를 불어 넣으면 코크스가 산소와 반응하여 일산화 탄소가 생겨. 이때 일산화 탄소와 산화 철이 반응하면 산화 철에서 산소가 떨어져 나와 순수한 철을 얻을 수 있지."

"복잡해 보이지만 어쨌든 산화 철이 산소를 잃으니 환원 반응이 맞네요!"

"산화 철은 산소를 잃고 철이 되는 반면에, 일산화 탄소는 산소와 결합하여 이산화 탄소가 돼. 다시 말하면 산화 철은 환원되고, 일산화 탄소는 산화되지. 이처럼 산화 반

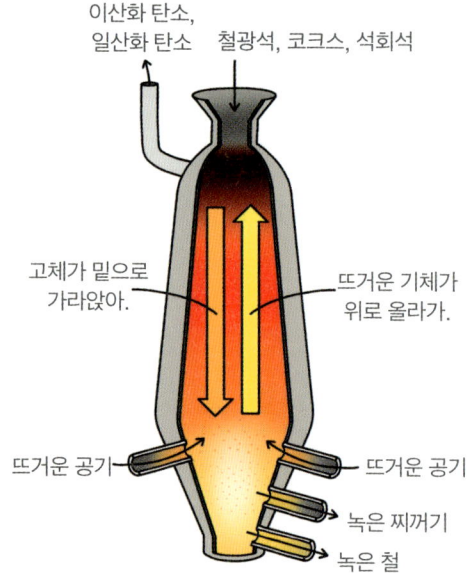
▲ **용광로에서 철을 얻는 과정** 석회석은 철광석에 섞인 불순물을 없애는 역할을 해.

응과 환원 반응은 항상 동시에 일어난단다."

"오호, 산화 반응과 환원 반응은 떼려야 뗄 수 없는 관계네요!"

핵심정리

산소와 결합한 물질이 산소를 잃는 반응을 환원 반응이라고 해. 산화 반응과 환원 반응은 항상 동시에 일어나.

훼손된 미술 작품을 되살리려면?

용선생이 아이들을 둘러본 뒤 말을 이었다.

"환원 반응이 순수한 철을 얻는 데 쓰이는 것처럼 산화 반응도 아주 유용하게 쓰일 때가 있어. 그중 하나가 훼손된 미술 작품을 복원하는 거야. 복원은 원래의 상태로 되돌린다는 뜻이야."

"산화 반응으로 훼손된 미술 작품을 복원한다니, 상상이 전혀 안 돼요!"

"하하! 그럴 줄 알고 준비했지."

용선생이 씩 웃으며 화면에 그림을 띄웠다.

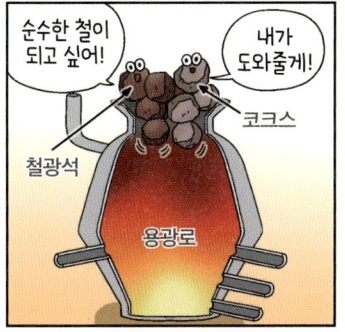

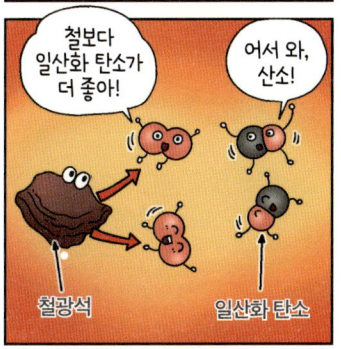

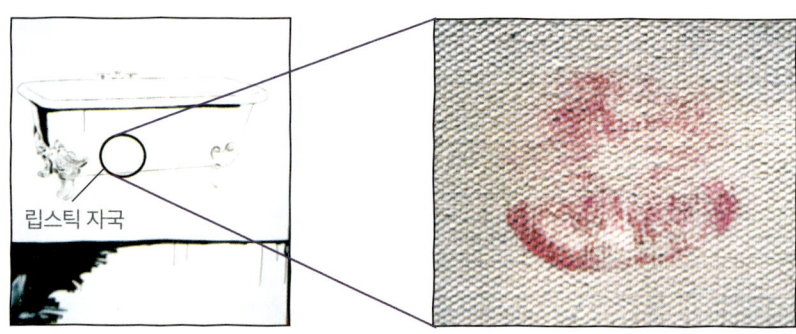

▲ 앤디 워홀의 작품 〈욕조〉에 묻은 립스틱 자국

"이건 미국 미술가 앤디 워홀의 〈욕조〉라는 작품이야. 하얀 캔버스에 욕조가 그려져 있지. 그런데 누군가 그림에 립스틱 자국을 남겼단다."

"헉! 세상에 누가 그런 짓을!"

"립스틱은 물로는 지워지지 않고, 알코올 등으로 지울 수 있는데, 그렇게 하면 립스틱이 녹으면서 캔버스로 퍼져 그림이 더 훼손될 수 있어. 그런데 NASA(나사)의 과학자들이 산화 반응을 이용해서 립스틱 자국을 깨끗하게 지웠다는 사실!"

"정말요? 어떻게요?"

아이들이 깜짝 놀란 표정으로 용선생을 바라봤다.

"립스틱은 주로 탄소와 수소로 이루어졌어. 립스틱에 산소 원자를 쏘면 립스틱의 탄소와 수소가 산소와 결합하여 이산화 탄소, 수증기 등이 되어 공기 중으로 날아가. 이런

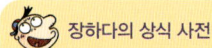

장하다의 상식 사전

NASA 미국 국립 항공 우주국을 말해.

용선생의 과학 현미경

산소 원자는 산소 분자보다 다른 물질과 반응하려는 성질이 훨씬 강해.

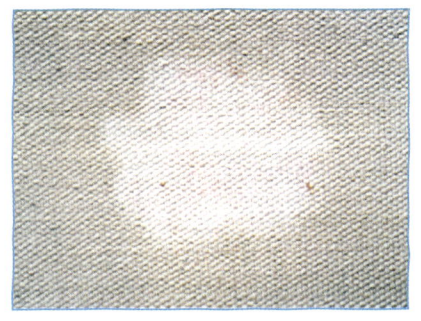
▲ 산화 반응을 이용하여 립스틱을 지웠어.

"방식으로 그림에서 립스틱을 없앨 수 있지."

"우아, 과학을 이용하여 미술 작품을 복원하다니! 생각만 해도 멋져요!"

"그뿐만이 아니야. 화재로 인해 그을음으로 뒤덮인 그림도 산화 반응을 이용하여 복원할 수 있어. 그을음은 주로 탄소로 이루어져서 산화되면 이산화 탄소가 되어 공기 중으로 날아가 버리거든."

"와, 정말 대단하네요!"

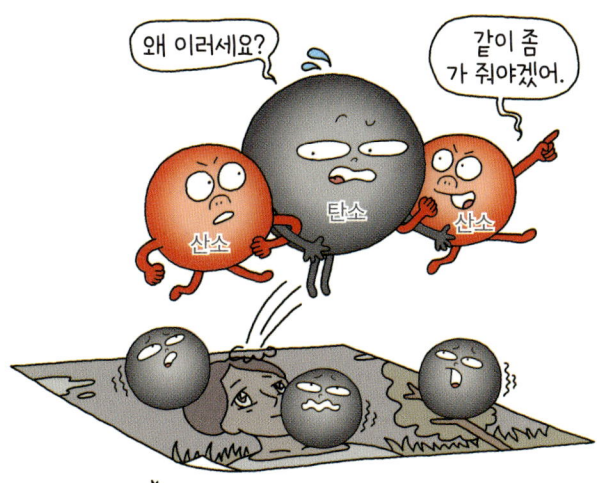

"과학과 미술의 만남이라니! 과학이 새삼 더 친근하게 느껴져요!"

허영심의 말에 용선생이 흐뭇한 미소를 지었다.

산화 반응을 이용해 훼손된 미술 작품을 복원할 수 있어.

 나선애의 정리노트

1. ⓐ [　　] 반응
   ① 어떤 물질이 산소와 결합하는 화학 반응
      • ⓑ [　　] 는 다른 물질과 반응하려는 성질이 매우 강함.

   물질 + 산소 —산화 반응→ 새로운 물질

   ② 산화 반응의 예
      • 반딧불이 몸의 루시페린이 산화되어 빛이 나옴.
      • 오래된 종이의 색이 누렇게 변하고, 금속이 녹슮.
      • 연소
   ③ 산화 반응의 이용
      • 립스틱이 묻었거나 그을음이 있는 미술 작품을 복원하는 데 쓰임.

2. ⓒ [　　] 반응
   ① 산소와 결합한 물질이 산소를 잃는 화학 반응
   ② 환원 반응의 이용
      • 산화 철에서 산소를 떼어 내고 순수한 ⓓ [　　] 을 얻음.

3. 산화 반응과 환원 반응의 관계
   ① 산화 반응과 환원 반응은 항상 동시에 일어남.

ⓐ 산화 ⓑ 산소 ⓒ 환원 ⓓ 철

 **과학퀴즈** 달인을 찾아라!

●정답은 111쪽에

01

친구들이 이번 시간에 배운 내용에 대해 이야기하고 있어. 옳으면 O, 옳지 않으면 X를 표시해 줘.

① 반딧불이는 환원 반응으로 빛을 내. (　　)
② 산화 반응은 산소와 결합하는 화학 반응이야. (　　)
③ 산화 반응과 환원 반응은 항상 동시에 일어나. (　　)

02

친구들이 급식 당번을 정하려고 사다리 타기를 하고 있어. 환원 반응과 관련된 말이나 그림을 따라가면 급식 당번이 누구인지 알 수 있대. 급식 당번이 누구인지 알아맞혀 봐.

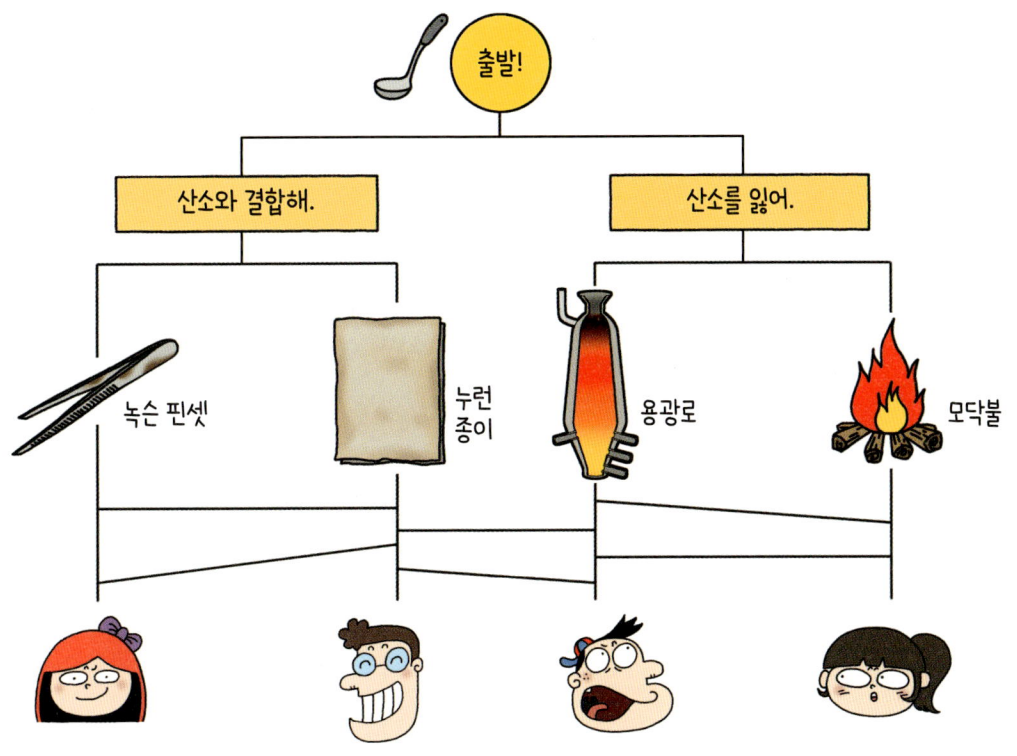

https://cafe.naver.com/yongyong

용선생의 과학 카페

과학계의 핵인싸,
용선생의 과학 카페에
오신 걸 환영합니다.

Log in

MENU

물리면 아프다
화학이 화하하
생물 오징어
지구는 둥글다

견과류가 산소와 만나면?

아몬드, 호두, 땅콩, 피스타치오 같은 견과류는 맛도 좋지만 영양분이 풍부해서 하루 한 줌씩 꾸준히 섭취하면 건강에 좋아. 특히 호두와 아몬드에 들어 있는 영양분은 어린이의 두뇌 발달과 성인의 혈액 순환을 돕고 심장병이 생길 위험도 줄여 주지.

▲ 견과류

하지만 이렇게 몸에 좋은 견과류도 보관을 잘못하면 오히려 몸에 해로울 수 있어. 견과류에는 몸에 좋은 지방 성분이 풍부한데, 이 지방 성분이 산소와 만나면 쉽게 산화되어 맛이 변하고, 불쾌한 냄새가 나고, 영양소가 파괴되거든. 심지어 몸에 해로운 물질이 생기기도 하지. 이걸 '산패'라고 해.

견과류에서 냄새가 나거나 맛이 이상할 때에는 산패가 일어났을 수도 있으니까 절대 먹으면 안 돼. 건강에 좋은 영양분이 산화 반응 때문에 몸에 해로운 물질로 변한다니, 정말 놀랍지?

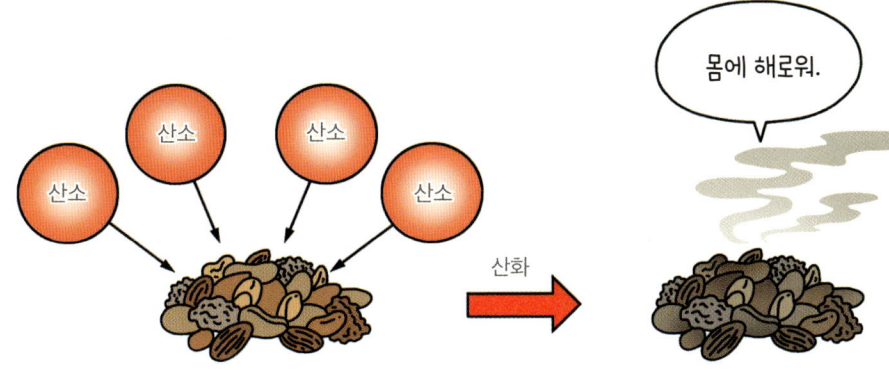

▲ 견과류의 지방이 산화되면 몸에 해로운 물질이 생기기도 해.

견과류가 산화되지 않게 하려면 공기 중의 산소와 닿지 않도록 밀봉해서 냉장실이나 냉동실에 보관하면 돼.
과자를 보관할 때에도 산화를 막는 게 중요해. 과자가 산화되면 맛이 변하거든. 빵빵한 과자 봉지 안에는 질소가 들어 있어. 질소는 산소와 달리 다른 물질과 거의 반응하지 않아. 게다가 과자 봉지 안을 질소로 가득 채우면 과자가 충격을 받아 부서지는 것도 막을 수 있지.

▲ 밀봉한 아몬드

▲ 과자 봉지 안에는 질소가 들어 있어 과자가 변질되지 않아.

- 장하다의 오답을 피하는 방법
- 나선애의 야무진 실험실
- 왕수재의 아는 척 과학교실
- 허영심의 별 헤는 밤
- 곽두기의 빅뱅 따라잡기

COMMENTS

- 오늘의 탐구 주제는 과자의 산화 반응이다!
  - 나는 대찬성! 과자부터 사러 갈까?
  - 간 김에 견과류도 사자!
  - 먹는 거면 다 좋아!

6교시 | 앙금 생성 반응

주전자 속 하얀 얼룩의 정체는?

코코아를 마시려나 봐.

오, 맛있겠다! 나도 마시고 싶어!

"어머, 꽃이 시들었네! 화분에 물을 좀 줘야겠다."

허영심이 물뿌리개에 물을 담으려고 뚜껑을 열어 보고는 인상을 찌푸렸다.

"이런, 바닥에 하얀 얼룩이 있잖아. 이게 뭐지?"

이때 장하다가 다가와 물었다.

"영심아, 왜 그래? 무슨 일이야?"

"물뿌리개 바닥에 하얀 얼룩이 있는데, 왜 생겼는지 모르겠어."

"우리 집 주전자 바닥에도 하얀 얼룩이 있던데……. 혹시 그것과 같은 건가?"

허영심이 "글쎄……." 하며 고개를 좌우로 흔들었다.

때마침 용선생이 과학실로 들어섰다.

 ## 이온 음료와 지하수의 공통점은?

허영심이 용선생에게 물뿌리개를 보여 주며 물었다.

"선생님, 물뿌리개 바닥에 생긴 하얀 얼룩이 뭐예요?"

"이런 얼룩을 다른 곳에서도 본 적이 있을 텐데……."

용선생의 말에 장하다가 깜짝 놀란 표정으로 물었다.

"그걸 어떻게 아세요? 저희 집 주전자에도 그런 얼룩이 있어요!"

"좋아, 오늘은 흰색 얼룩에 숨은 과학 원리를 파헤쳐 보자."

아이들이 기대에 찬 표정으로 용선생의 다음 말을 기다렸다.

"우리 눈에는 보이지 않지만 우리가 사용하는 물에는 여러 가지 물질이 녹아 있어. 특히 지하수에는 흙과 바위의 성분이 많이 녹아 있지."

"정말요? 보기에는 아무것도 없어 보이는데……."

곽두기가 고개를 갸우뚱하며 말했다.

"지하수는 땅속에서 흐르는 물이잖아. 지하수가 땅속에서 흐르는 동안 흙과 바위의 성분 일부가 물에 녹는단다. 지하수에는 칼슘, 마그네슘 같은 것들이 '이온' 형태로 녹

▲ 비와 눈이 녹아 생긴 물이 땅속으로 스며들어 지하수가 생겨.

용선생의 과학 현미경

이온 중에는 여러 개의 원자가 모여서 이루어진 것도 있어.

탄산 이온은 이산화 탄소가 물에 녹아 생기는 이온이야.

아 있어."

"이온이라면…… 이온 음료 할 때 그 이온 말이에요?"

장하다가 눈이 휘둥그레지며 물었다.

"그래. 원자가 전기적 성질을 갖게 되는 경우가 있는데, 전기적 성질을 갖는 이런 입자를 이온이라고 해. 지하수에는 칼슘 이온, 마그네슘 이온, 탄산 이온 등이 녹아 있단다."

용선생이 가방에서 이온 음료를 꺼냈다.

"여기 이온 음료 라벨을 좀 볼래?"

아이들이 차례로 라벨을 자세히 들여다보았다.

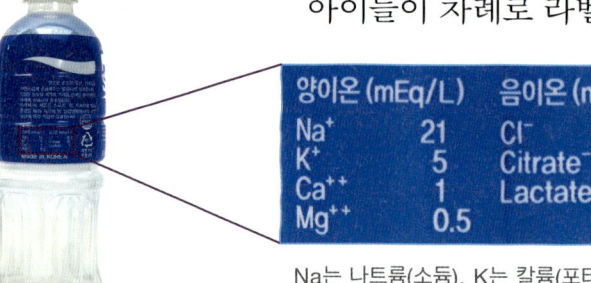

양이온 (mEq/L)		음이온 (mEq/L)	
Na$^+$	21	Cl$^-$	16.5
K$^+$	5	Citrate^{---}	10
Ca^{++}	1	Lactate$^-$	1
Mg^{++}	0.5		

Na는 나트륨(소듐), K는 칼륨(포타슘), Ca는 칼슘, Mg는 마그네슘을 뜻해.

"양이온, 음이온…… 이온에도 종류가 있어요?"

곽두기가 라벨을 가리키며 물었다.

▲ 이온 음료

"맞아. 이온은 전기적 성질에 따라 양이온과 음이온으로 나뉘어. 이온 음료와 지하수에서 보듯이 이온은 대부분 물에 녹아 있어. 그런데 특정 양이온과 음이온이 만나면 서로 결합하여 물에 녹지 않는 물질인 앙금이 생기지. 이런 반응을 '앙금 생성 반응'이라고 해. 앙금 중에는 흰색을 띠는 것도 있단다."

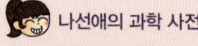

나선애의 과학 사전

앙금 물에 잘 녹지 않는 물질을 말해.

용선생의 말에 왕수재가 이마를 탁 치며 말했다.

"알았다! 혹시 물뿌리개와 주전자에 생긴 하얀 얼룩이 앙금이에요?"

"빙고! 지하수에는 양이온인 칼슘 이온과 음이온인 탄산 이온이 녹아 있는데, 칼슘 이온과 탄산 이온이 반응하면 탄산 칼슘이라는 흰색 앙금이 생겨. 이 앙금이 바로 주전자에 생긴 하얀 얼룩의 정체이지."

▲ **탄산 칼슘** 흰색 고체로, 조개껍데기, 대리석 등에 들어 있어. 시멘트나 분필을 만드는 데 쓰여.

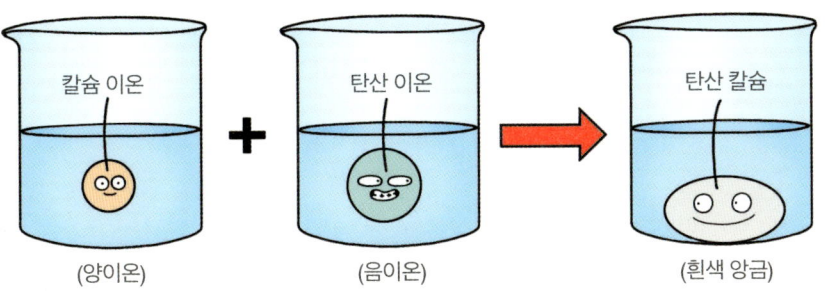
▲ 칼슘 이온과 탄산 이온이 반응하면 흰색 앙금인 탄산 칼슘이 생겨.

"하얀 얼룩이 지하수 때문에 생긴 앙금이었군요! 이제 의문이 풀렸어요."

아이들이 고개를 끄덕이자 용선생이 말을 이었다.

"양이온과 음이온이 만났을 때 항상 앙금이 생기는 건 아니야. 칼슘 이온과 탄산 이온처럼 특정 양이온과 음이온이 만나야 반응이 일어나 앙금이 생기지. 이온들이 반응하여 생긴 앙금은 새로운 물질이니 앙금 생성 반응도 화학 반응이란다."

▲ 주전자 바닥에 생긴 탄산 칼슘 앙금

"오호, 그렇군요."

핵심정리

원자가 전기적 성질을 갖게 되어 만들어진 입자를 이온이라고 해. 물에 녹아 있는 특정 양이온과 음이온이 반응하면 물에 녹지 않는 물질인 앙금이 생겨. 이런 반응을 앙금 생성 반응이라고 하지.

 몸속에 돌이 생기는 까닭은?

"주전자에 얼룩이 생기는 것 말고도 우리 주변에는 앙금 생성 반응 때문에 나타나는 현상이 아주 많아. 추운 겨울에 보일러를 켜면 따뜻하지?"

"그럼요! 보일러 없는 겨울은 상상도 하기 싫어요."

왕수재가 어깨를 움츠리며 말했다.

"보일러를 켜면 방바닥 밑에 깔린 보일러 관을 따라 따뜻한 물이 흐르면서 방바닥이 따뜻해져. 그런데 보일러 물로 지하수를 오랫동안 사용하면 보일러 관의 안쪽 벽에 앙금이

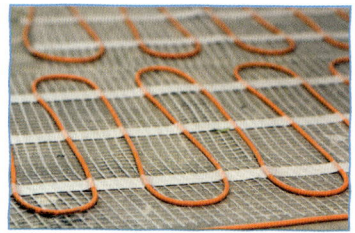

▲ 바닥에 깔린 보일러 관

▲ 수도꼭지와 샤워기에 생긴 탄산 칼슘 앙금

생긴단다. 주전자 바닥에 하얀 얼룩이 생기는 것처럼 말이야. 오래된 수도꼭지나 샤워기에도 이런 앙금이 생기지."

"탄산 칼슘 앙금이 생기는 거예요?"

"그래. 탄산 칼슘이 보일러 관에 많이 쌓이면 물이 흐르는 걸 방해해서 난방이 잘 안되고, 심지어 보일러가 고장 날 수도 있어. 그래서 보일러에는 이온을 제거한 물을 사용하는 게 좋아."

"오호, 오늘 새로운 걸 또 하나 배웠네요!"

"이뿐만이 아니야. 앙금 생성 반응은 우리 몸속에서도 일어나."

"정말요? 몸속 어디요?"

곽두기가 깜짝 놀란 표정을 지으며 물었다.

"바로 신장이야. 신장은 우리 몸에서 노폐물을 걸러 오줌으로 내보내는 역할을 하는 기관이야. 너희들 혹시 '신장

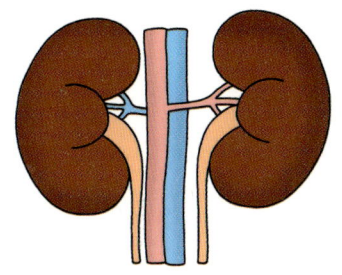

▲ **우리 몸속의 신장** 강낭콩 모양을 하고 있어 콩팥이라고도 해.

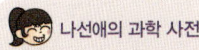 나선애의 과학 사전

노폐물 생물이 살아가는 동안 몸속에서 생기는 물질 중 몸에 필요 없는 물질을 말해.

결석'이라고 들어 봤니?"

"네, 저희 고모부가 얼마 전까지 신장 결석으로 고생하셨거든요. 신장에 돌이 생긴 거라고 들었는데……."

허영심의 말에 장하다가 눈이 휘둥그레져 물었다.

"신장에 왜 돌이 생겨요?"

"결석은 몸 안의 장기 속에 생기는 단단한 물질을 말해. 오줌에는 여러 물질이 녹아 있는데, 그중 칼슘 이온과 옥살산 이온이 반응하면 옥살산 칼슘이라는 앙금이 생겨. 이게 몸 밖으로 나가지 못하고 몸에 계속 쌓여서 돌처럼 되는 거지."

"으악! 몸속에서 생기는 돌이라니!"

"작은 결석은 보통 오줌에 섞여 나와서 괜찮아. 하지만 크기가 커진 결석은 몸에 남아 통증을 일으키지."

"우리 몸에서 이 반응은 안 일어나면 좋겠어요."

"신장 결석에 걸리지 않으려면 평소에 물을 많이 마셔서 결석이 커지기 전에 오줌으로 나오게 하면 돼."

"오호, 평소에 물을 많이 마셔야겠군요!"

"앙금 생성 반응이 꼭 나쁜 것만은 아니야. 어떤 곳에서는 앙금 생성 반응이 멋진 풍경을 만들기도 하거든."

용선생이 "이걸 보렴." 하며 화면에 사진을 띄웠다.

용선생의 과학 현미경

두부와 시금치를 함께 먹어도 두부에 있는 칼슘 이온과 시금치에 있는 옥살산 이온이 반응하여 옥살산 칼슘이 생겨. 그래서 두부와 시금치를 함께 먹으면 영양소가 몸속에 잘 흡수되지 않아.

▲ 신장에서 나온 옥살산 칼슘 앙금 덩어리

▲ **파묵칼레** 튀르키예(터키) 남서부 지역에 있어. 1988년 유네스코 세계 유산으로 지정됐어.

"우아, 멋있다! 마치 눈 내린 산에 계단식으로 호수가 생긴 것 같아요!"

"여기가 어디예요?"

장하다가 넋을 놓고 화면을 바라보며 물었다.

"튀르키예(터키) 남서부 지역에 있는 파묵칼레라는 곳이야. 산 위에 자연적으로 만들어진 온천으로 유명하지."

▼ 파묵칼레 위치

"저렇게 멋진 곳이 앙금과 상관있다고요?"

"그래. 온천수에 녹아 있는 칼슘 이온과 탄산 이온이 만나 탄산 칼슘 앙금이 생긴 뒤, 앙금이 온천수와 함께 경사를 따라 흐르다 차곡차곡 쌓이고 깎여 지금의 계단식 온천이 되었지. 하얀 눈같이 보이는 것이 바로 탄산 칼슘 앙금이란다."

"앙금 생성 반응으로 저런 멋진 곳이 만들어지다니 정말 신기해요! 나중에 꼭 가 보고 싶어요!"

핵심정리

앙금 생성 반응은 보일러 관에 앙금을 만들고 우리 몸의 신장에 결석이 생기게 하지만, 아름다운 지형을 만들어 내기도 해.

생활에 쓸모 있는 앙금 생성 반응

용선생이 빙긋 웃으며 말을 이었다.

"앙금 생성 반응은 자연적으로 일어나기도 하지만, 일부러 앙금 생성 반응을 일으켜 실생활에 이용하기도 한단다. '이타이이타이병'이라고 들어 본 적 있니?"

"네에? 이타이이타이…… 병 이름이 참 희한하네요! 처음 들어 봤어요."

"이타이는 일본어로 아프다는 뜻이야. 이타이이타이병은 이름 그대로 통증이 굉장히 심한 병이지."

"얼마나 아프면 병 이름이 '아프다 아프다'일까요!"

허영심이 안타까운 표정을 지으며 말했다.

"1900년대 초 일본의 어느 지역에서 이타이이타이병 환자가 많이 발생해서 원인을 조사해 보니, 그 지역 근처의 광산에서 흘러나온 카드뮴이라는 금속이 원인이었어. 카드뮴은 몸속에 들어가면 뼈를 약하게 만들어. 그래서 이타이이타이병에 걸리면 뼈가 쉽게 부러지지."

"카드뮴이 매우 위험한 거군요!"

"맞아. 도금을 하거나 금속을 다듬는 공장에서 카드뮴을 많이 쓰는데, 이런 공장에서 폐수를 내보낼 때에는 카드뮴을 반드시 없애고 내보내야 해."

"근데 카드뮴을 전부 없앴는지 어떻게 알아요?"

"이때 앙금 생성 반응을 이용하는 거지. 카드뮴 이온이 황화 이온과 반응하면 노란색 앙금이 생겨. 폐수에 황화 이온을 넣었을 때 노란색 앙금이 생기면 폐수에 카드뮴이 들어 있는 거고, 앙금이 생기지 않으면……."

▲ **카드뮴** 무르고, 청백색을 띠며 독성이 있는 금속이야. 전지를 만드는 데 주로 쓰여.

곽두기의 낱말 사전

도금 물질의 겉면에 금, 은 등의 금속을 얇게 입히는 것을 말해.

폐수 버릴 폐(廢) 물 수(水). 공장이나 광산 등지에서 쓰고 난 뒤에 버리는 물을 말해.

▲ 카드뮴 이온과 황화 이온이 반응하면 노란색 앙금이 생겨.

▲ **납** 무르고, 무거우며 독성이 있는 금속이야. 자른 면은 푸르스름한 은백색을 띠지만, 공기 중에 두면 산소와 반응하여 어두운 회색으로 변해.

"카드뮴이 없다는 거네요!"

"그렇지. 납도 사람 몸에 해로운 금속인데, 납의 위험성을 알기 전까지는 화장품의 원료로 많이 쓰였어. 그래서 요즘에는 화장품 품질 검사를 할 때 납 성분이 들어 있는지 꼭 확인하지."

"납도 앙금 생성 반응으로 확인할 수 있어요?"

왕수재가 안경을 쓱 올리며 물었다.

"응. 납은 황화 이온이나 아이오딘화 이온으로 확인할 수 있어. 납 이온이 황화 이온과 반응하면 검은색 앙금이 생기고, 아이오딘화 이온과 반응하면 노란색 앙금이 생기거든. 이걸 보렴."

▲ 납 이온이 황화 이온과 반응하면 검은색 앙금이 생겨.

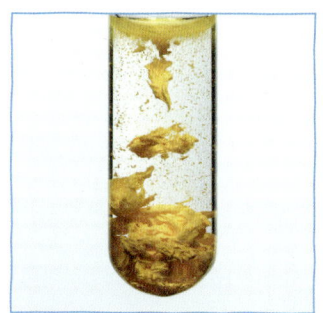

▲ 납 이온이 아이오딘화 이온과 반응하면 노란색 앙금이 생겨.

"오, 정말 색이 다르네요. 둘 다 짙은 색 앙금이어서 확인하기 쉽겠어요."

"맞아. 앙금 생성 반응은 물감에도 이용돼. 너희들 네덜란드의 화가 고흐 알지? 고흐의 그림에는 유난히 노란색이 많은데, 고흐가 사용한 노란색 물감의 주성분은 크로뮴산 납이라는 노란색 앙금이야. 크로뮴산 납은 도로의 중앙선을 노랗게 칠하는 페인트에도 쓰이지."

"와, 앙금 생성 반응이 쓰이는 곳이 정말 많네요!"

용선생이 책을 덮으며 말했다.

"앙금 생성 반응까지 알았으니 화학 반응에 대해서는 다 알게 된 것 같구나. 이걸로 화학 반응 수업 끝!"

▲ 빈센트 반 고흐의 해바라기

▲ 크로뮴산 납이 쓰인 노란색 도로 중앙선

핵심정리

앙금 생성 반응은 몸에 해로운 금속인 카드뮴과 납이 있는지 알아내는 데 쓰이고, 물감이나 페인트에도 이용돼.

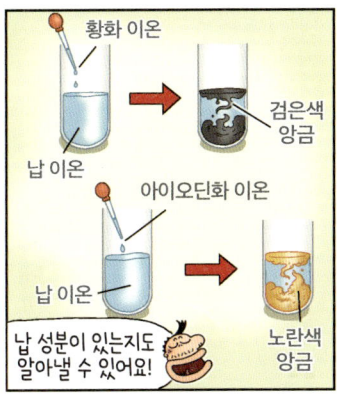

나선애의 정리노트

1. 앙금 생성 반응
① ⓐ [　　　] : 원자가 전기적 성질을 갖게 되어 만들어진 입자
② 앙금 생성 반응: 물에 녹아 있는 특정 양이온과 음이온이 반응하여 물에 녹지 않는 ⓑ [　　　]을 만드는 반응

  예) 칼슘 이온과 탄산 이온이 반응하면 흰색의 ⓒ [　　　] 앙금이 생김.

2. 앙금 생성 반응에 의해 생기는 현상
① 주전자 바닥이나 보일러 관에 흰색 앙금이 생김.
② 신장에 결석이 생김.
③ 튀르키예(터키)의 파묵칼레에 독특한 지형을 만듦.

3. 앙금 생성 반응의 이용
① 폐수에 카드뮴이 들어 있는지 알아냄.
 • 카드뮴 이온이 황화 이온과 반응하면 ⓓ [　　　]색 앙금이 생김.
② 화장품에 ⓔ [　　　] 성분이 있는지 알아냄.
 • 납 이온이 황화 이온과 반응하면 검은색 앙금이, 아이오딘화 이온과 반응하면 노란색 앙금이 생김.
③ 노란색 물감이나 페인트에 크로뮴산 납 앙금을 이용함.

ⓐ 이온 ⓑ 앙금 ⓒ 탄산 칼슘 ⓓ 노랑 ⓔ 납

과학퀴즈 🧪 달인을 찾아라!

●정답은 111쪽에

01

친구들이 이번 시간에 배운 내용에 대해 이야기하고 있어. 옳으면 O, 옳지 않으면 X를 표시해 줘.

① 양이온과 음이온이 만나면 항상 앙금이 생겨. (   )
② 칼슘 이온과 탄산 이온이 반응하면 노란색 앙금이 생겨. (   )
③ 앙금 생성 반응으로 신장에 결석이 생겨. (   )

02

과학반 친구들이, 납이 섞인 폐수를 몰래 버리는 공장이 있다는 제보를 받았어. 아래 표에 있는 앙금 생성 반응 결과를 이용하여 어떤 공장이 범인인지 찾아 줘.

	탄산 이온	황화 이온	아이오딘화 이온
나잘난 공장	흰색 앙금	X	X
잘살자 공장	X	노란색 앙금	X
더잘난 공장	X	검은색 앙금	노란색 앙금

(X는 앙금이 생기지 않는 경우야.)

👍 알았다! 범인은 (   ) 공장이야!

가로세로 퀴즈

화학 반응에 관한 가로세로 퀴즈야. 빈칸을 채워 봐.
띄어쓰기는 무시해도 돼.

가로 열쇠

① 한 가지 물질로 이루어진 물질
② 다른 물질과 반응하려는 성질이 매우 강하고, 연소에 쓰이는 기체
③ 순물질의 한 종류로, 두 가지 이상의 원소가 결합하여 만들어진 물질
④ 어떤 물질이 성질이 전혀 다른 새로운 물질로 변하는 것
⑤ 어떤 물질이 산소와 결합하는 화학 반응
⑥ 화학 반응이 일어날 때 주위로 열을 내보내는 반응. ○○ 반응
⑦ 물질을 이루는 기본 입자
⑧ 화합물을 이루는 성분 원소 사이에 일정한 질량비가 성립한다는 법칙

세로 열쇠

① 물질이 산소와 빠르게 반응하여 빛과 열을 내는 화학 반응
② 물질의 고유한 성질은 변하지 않으면서 물질의 모양이나 상태 등이 변하는 것
③ 두 가지 이상의 물질이 성질이 변하지 않은 채 서로 섞여 있는 것
④ 칼슘 이온과 탄산 이온이 반응하여 생기는 흰색 앙금
⑤ 화학 반응이 일어날 때 반응이 일어나기 전과 반응이 일어난 후 물질 전체의 질량이 변하지 않고 보존된다는 법칙
⑥ 화학 반응이 일어날 때 주위로부터 열을 흡수하는 반응. ○○ 반응
⑦ 산소와 결합한 물질이 산소를 잃는 반응

●정답은 111쪽에

용선생의 시골벅적 과학교실 107

교과서 속으로

"교과서에서는 어떻게 배울까?"

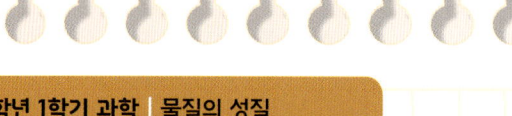

초등 3학년 1학기 과학 | 물질의 성질

서로 다른 물질을 섞으면 물질의 성질은 어떻게 될까?

- **각각의 물질의 성질이 변하지 않는 경우**
  - 미숫가루와 설탕을 섞어도 미숫가루와 설탕의 성질은 변하지 않는다.
- **각각의 물질의 성질이 변하는 경우**
  - 물, 붕사, 폴리비닐 알코올을 섞어 탱탱볼을 만들면 성질이 변한다.
  ↳ 붕사와 폴리비닐 알코올은 손으로 만지면 깔깔하다.
  ↳ 탱탱볼은 말랑말랑하고, 고무 같은 느낌이 들며, 바닥에 떨어뜨리면 잘 튀어 오른다.

 성질이 변하지 않으면 물리 변화, 성질이 변하면 화학 변화야!

초등 6학년 2학기 과학 | 연소와 소화

물질이 탈 때 어떤 현상이 나타날까?

- **연소**
  - 물질이 산소와 빠르게 반응하여 빛과 열을 내는 현상
  ↳ 물질이 타려면 산소가 필요하다.
- **연소가 일어날 때 나타나는 현상**
  - 물질이 연소하면 연소 전의 물질과는 다른 새로운 물질이 만들어진다.
  - 초나 알코올이 연소하면 그 크기나 양이 줄어든다.

 밀폐된 곳에서 질량을 재면 전체 질량은 그대로라는 사실!

중 3학년 과학 | 화학 반응의 규칙과 에너지 변화

화학 반응의 규칙

- **질량 보존 법칙**
  - 화학 반응이 일어날 때 반응 전과 반응 후 물질 전체의 질량이 변하지 않는 것
  - 반응 전후 물질을 이루는 원자의 종류와 개수가 변하지 않기 때문이다.
- **일정 성분비 법칙**
  - 화합물을 구성하는 성분 원소 사이에 일정한 질량비가 성립하는 것
  - 질량이 일정한 원자들이 일정한 개수비로 결합하기 때문이다.

 혼합물은 일정 성분비 법칙이 성립하지 않아!

중 3학년 과학 | 화학 반응의 규칙과 에너지 변화

화학 반응과 에너지 변화

- **발열 반응**
  - 화학 반응이 일어날 때 주위로 열에너지를 방출하는 반응
  - 발열 반응이 일어나면 주위의 온도가 높아진다.
- **흡열 반응**
  - 화학 반응이 일어날 때 주위로부터 열에너지를 흡수하는 반응
  - 흡열 반응이 일어나면 주위의 온도가 낮아진다.

 우아! 중학교 가서 배울 내용을 벌써 알아버렸네.

찾아보기

강철 솜 38-40
게이뤼삭 58
결합 20-22, 27, 38-39, 46-47, 50, 52, 54-56, 78, 80-84, 86, 94
과산화 수소 50-51
기체 반응 법칙 58-59
납 102-104
냉찜질 팩 68-70
달고나 12-14, 16, 18-20, 23, 47
라부아지에 32
루시페린 77-78, 80, 86
무게 31, 33, 73
물리 변화 13-16, 20, 22-24, 26, 34-35
반딧불이 76-78, 80, 86
발열 반응 64-65, 68-70, 72-73
발열 팩 63-65
베이킹 소다 18-19, 47, 56
분자 20-23, 46, 50-51, 55, 59, 84
분해 18, 21-22, 32, 34, 46
붕산 이온 27
산소 20-23, 32, 34, 36-40, 46-56, 58-59, 68-69, 72-73, 77-86, 88-89, 102
산패 88
산화 (반응) 78-80, 82-86, 88-89
산화 철 38-40, 69, 81-82, 86
산화 칼슘 64-65

석회석 82
손난로 63, 68-70
수산화 바륨 66-67
순물질 46-47, 56
슬라임 26-27
(신장) 결석 97-98, 100, 104
아보가드로 59
아보가드로 법칙 58-59
아이오딘화 이온 102-104
앙금 94-98, 100-104
앙금 생성 반응 94-98, 100-104
앤디 워홀 84
연소 36-40, 53, 55, 68, 79, 82, 86
염화 나트륨 47, 56
염화 암모늄 66-67
옥살산 칼슘 98, 100
용광로 82-83
원소 46-48, 51-52, 55-56
원자 20-24, 26-27, 34-35, 40, 46, 49-51, 54-56, 84-85, 94, 96, 104
이산화 탄소 18-19, 37, 39-40, 47, 56, 73, 82, 84-85, 94
이온 93-98, 100-104
이타이이타이병 100-101
일산화 탄소 82-83
일정 성분비 법칙 48, 52-56, 58
증류수 45-47

질량 31-40, 48-52, 54-56
질량 보존 법칙 32-33, 36, 40, 58
질산 암모늄 68-69
질소 46, 89
카드뮴 101-104
코크스 82-83
크로뮴산 납 103-104
탄산 칼슘 95-97, 100, 104
파묵칼레 99, 104
프루스트 48
혼합물 45-48, 52, 56
화학 변화 16-24, 26, 33-34
화합물 45-52, 54-56
환원 (반응) 80-83, 86
황화 이온 101-104
흡열 반응 67-70
g(그램) 31, 33-34, 48-52, 54
kg(킬로그램) 31, 54-55
PVA(피-브이-에이) 26-27

퀴즈 정답

1교시

01 ①✗ ②✗ ③○

02

설탕이 녹아. — 물
갈색으로 변해. — 화
부풀어 올라. — 화
모양대로 오려 내. — 물

2교시

01 ①○ ②✗ ③✗

02

> [보기]
> 화학 반응이 일어날 때 원자의 (**배열**)이 달라질 뿐 원자의 종류와 (**개수**)는 변하지 않아. 그래서 반응이 일어나기 전과 반응이 일어난 후 물질 전체의 (**질량**)은 변하지 않고 보존되는데, 이를 (**질량 보존**) 법칙이라고 해.

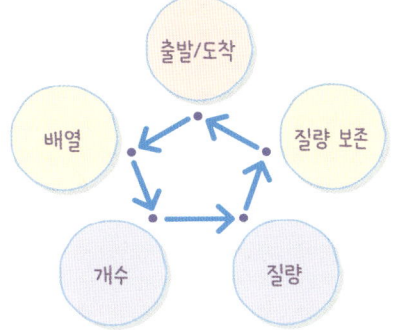

3교시

01   ①✕   ②○   ③✕

02

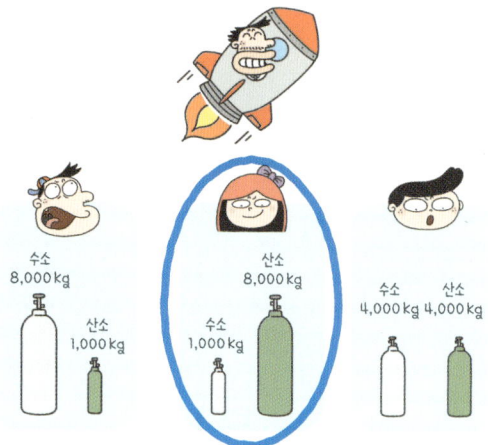

4교시

01   ①○   ②○   ③✕

02   발열 팩에 물을 부어

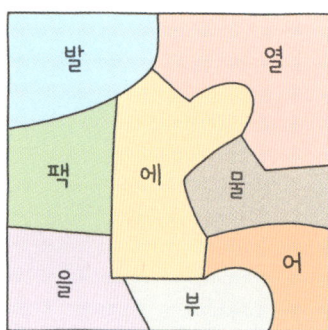

5교시

01 ① ✕ ② ○ ③ ○

02

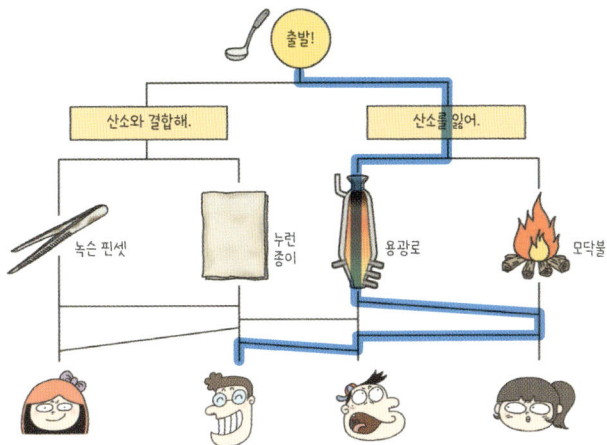

6교시

01 ① ✕ ② ✕ ③ ○

02 더잘난

	탄산 이온	황화 이온	아이오딘화 이온
나잘난 공장	흰색 앙금	✕	✕
잘살자 공장	✕	노란색 앙금	✕
더잘난 공장	✕	검은색 앙금	노란색 앙금

👉 알았다! 범인은 (더잘난) 공장이야!

가로세로 퀴즈

	❶연		①순	❷물	질		❸혼	
②산	소			리		③화	합	물
		④화	학	변	화		물	
				화				
❹탄					❺질			
⑤산	화	반	응		량			
칼			❻흡		보		❼환	
슘		⑥발	열		존		⑦원	자
					법		반	
⑧일	정	성	분	비	법	칙		응

일러두기

· 맞춤법과 띄어쓰기는 국립국어원에서 펴낸 《표준국어대사전》을 따랐습니다.
· 과학 용어 표기는 《2015 개정 교육과정에 따른 교과용도서 개발을 위한 편수자료Ⅲ 기초과학, 정보 편》을 따랐습니다.
· 이 책에 실린 사진은 저작권자로부터 사용 허가를 받았습니다. 저작권자와 접촉하기 위해 최선을 다했으나 불가피한 사정으로 사용 허가를 받지 못한 일부 사진에 대해서는 저작권자와 연락이 닿는 대로 게재 허락을 받고 사용료를 지불하겠습니다.
· 이 책에 실린 그림의 저작권은 별도의 표기가 없는 한 사회평론에 있습니다.

사진 제공

26쪽: LHcheM(wikimedia commons_CC3.0) | 32쪽: 이미지파트너스, 퍼블릭도메인 | 35쪽: 이미지파트너스 | 45쪽: 이미지파트너스 | 48쪽: Wellcome Images(wikimedia commons_CC4.0) | 58쪽: 퍼블릭도메인 | 59쪽: 퍼블릭도메인 | 63쪽: 이미지파트너스 | 66쪽: 이미지파트너스 | 69쪽: 이미지파트너스 | 82쪽: Stahlkocher(wikimedia commons_CC3.0) | 84-85쪽: NASA | 94쪽: 이미지파트너스 | 101쪽: Turtle Rock Scientific(Science Source) | 102쪽: Turtle Rock Scientific(Science Source) | 103쪽: 퍼블릭도메인 | 그 외: 셔터스톡

용선생의 시끌벅적 과학교실 | 화학 반응

1판 1쇄 발행	2022년 9월 28일
1판 4쇄 발행	2025년 3월 10일
글	김영은
구성	이명화, 김형진, 설정민
그림	김인하, 뭉선생, 윤효식
감수	노석구
캐릭터	이우일
어린이사업본부	이승필
책임편집	이건혁
편집	정세민, 이명화, 홍지예, 김미화, 최예리, 윤성진, 박하림, 김예린
마케팅	윤영채, 정하연, 안은지, 박찬수, 강수림
경영지원본부	나연희, 주광근, 오민정, 정민희, 김수아, 김승현
아트디렉터	강찬규
디자인	가필드
사진	이미지파트너스
펴낸이	윤철호
펴낸곳	(주)사회평론
전화	02-326-1182
팩스	02-326-1626
주소	03993 서울시 마포구 월드컵북로6길 56 사평빌딩
출판등록	1993년 10월 6일 제 10-876호

© 사회평론, 2022

ISBN 979-11-6273-241-0 73400

· 이 책 내용의 일부나 전부를 다시 사용하려면 저작권자와 사회평론의 동의를 받아야 합니다.
· 잘못 만들어진 책은 바꾸어 드립니다.

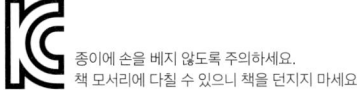

종이에 손을 베지 않도록 주의하세요.
책 모서리에 다칠 수 있으니 책을 던지지 마세요.